LA
Reconstitution
de l'Aisne

EXPOSÉ

PRÉSENTÉ AU CONSEIL GÉNÉRAL

PAR

M. LUCIEN SAINT

PRÉFET DE L'AISNE

COMMANDEUR DE LA LÉGION D'HONNEUR

Avec 3 cartes et 5 graphiques

IMPRIMERIE BERGER-LEVRAULT

NANCY-PARIS-STRASBOURG

1920

LA RECONSTITUTION DE L'AISNE

EXPOSÉ PRÉSENTÉ AU CONSEIL GÉNÉRAL

LA Reconstitution de l'Aisne

EXPOSÉ

PRÉSENTÉ AU CONSEIL GÉNÉRAL

PAR

M. LUCIEN SAINT

PRÉFET DE L'AISNE

COMMANDEUR DE LA LÉGION D'HONNEUR

Avec 3 cartes et 5 graphiques

IMPRIMERIE BERGER-LEVRAULT

NANCY-PARIS-STRASBOURG

1920

LA
Reconstitution
de l'Aisne

EXPOSÉ
PRÉSENTÉ AU CONSEIL GÉNÉRAL

PAR

M. LUCIEN SAINT
PRÉFET DE L'AISNE
COMMANDEUR DE LA LÉGION D'HONNEUR

Avec 3 cartes et 5 graphiques

IMPRIMERIE BERGER-LEVRAULT
NANCY-PARIS-STRASBOURG
1920

PRÉFACE

Messieurs,

De tous les départements ravagés par la guerre, l'Aisne est incontestablement celui qui a le plus cruellement souffert.

Construit en longueur, avec des éléments disparates empruntés aux anciennes provinces de la Picardie, de l'Ile-de-France, de l'Artois et des Flandres, il offre la configuration symbolique d'une gigantesque betterave, dont la pointe avoisine la Seine, tandis que sa base forme la frontière du Nord et de la Belgique. Il a, presque de bout à bout, été traversé par la ligne Hindenbourg, qui, par sa charnière transversale, l'a aussi douloureusement creusé d'une profonde blessure horizontale. Pendant quatre ans, la bataille y fit rage, en avances et reculs successifs de l'une et l'autre armée, en combats en accordéon, pour ainsi dire, si bien que tout ce que les obus allemands avaient épargné, a été détruit par le feu français et qu'il n'est pas un mètre carré de son sol qui n'ait été retourné, pilonné, pulvérisé.

Les 725 communes atteintes par les faits de guerre, dont la destruction apparaît plus ou moins complète, mais qui sont toutes ruinées dans leurs forces vives, en font foi.

Il est indispensable que cette donnée du formidable problème soit sans cesse présente à l'esprit de tous. Elle justifie certaines mesures particulières ; elle doit faire éclater aux yeux du Gouvernement la nécessité de ne pas placer l'Aisne sur le même plan que les autres départements, au regard des répartitions de toute nature dont sa situation impose la nécessité ; enfin elle doit faire concevoir aux hommes avertis et clairvoyants que vous êtes, que la reconstitution totale sera plus longue à atteindre que dans les départements voisins. Ceux-là n'ont été, en effet, détruits qu'en *partie. La région atteinte est bordée ou entourée d'une région intacte, qui peut servir de base à tous les travaux de réfection. La cellule saine et vivante se développe chaque jour, gagne sans cesse sur la cellule malade et, par une sorte de phénomène de phagocytose économique, l'absorbera bientôt totalement. La carte comparative des zones dévastées que j'ai tenu à placer en tête de ce volume, vous en donnera la représentation graphique la plus saisissante.*

Pour mener à bien l'entreprise gigantesque de la reconstitution et de la rénovation du département de l'Aisne, des moyens d'action d'une puissance inconnue jusqu'ici étaient nécessaires. Il n'est pas juste de dire que la France n'a rien fait pour les régions libérées. Il faut avoir le courage de stigmatiser certaines critiques excessives, qui accusent nos compatriotes des pays heureux d'être demeurés insensibles à la grande misère des pays dévastés. L'effort financier consenti par la nation, et réalisé par les votes du Parlement, a été considérable au regard surtout des difficultés de toute nature qui constituaient ces douloureuses séquelles de la guerre. J'oserai dire qu'il a atteint non seulement la limite des possibilités, mais encore les frontières de l'utile. Car il est un facteur qu'il faut bien aborder en face, franchement, comme il convient à des esprits uniquement soucieux du bien public : c'est le facteur temps. Il faudra de longues années pour restituer à ce pays tout ce qu'il a connu de prospérité, de richesse et de beauté. Parlant un jour à Soissons, M. Hanotaux, votre éminent compatriote, disait : « Relisez l'histoire; il a fallu toujours au moins trois cents ans pour effacer les traces des grandes invasions qui se sont ruées sur le monde. Nous venons de subir l'invasion la plus formidable que les annales aient jamais enregistrée. Certes, nous disposons aujourd'hui, pour travailler à notre renaissance, des moyens perfectionnés dont la science et le progrès ont armé notre volonté. Mais pensez-vous que, dans cent ans, aucun souvenir tangible ne subsistera, dans l'Aisne, de l'effroyable catastrophe? » L'illustre académicien me pardonnera d'avoir, sinon cité ses paroles exactes, du moins rapporté ici l'essentiel de sa pensée.

La même pensée d'ailleurs a trouvé par l'organe de M. Lucien Hubert, à la tribune du Sénat, son expression mathématique et chiffrée. L'éloquent sénateur des Ardennes a pu, sans être contredit, exposer à l'Assemblée le calcul singulièrement impressionnant que je rappelle ici. Si l'on établit le total de la main-d'œuvre susceptible de travailler au bâtiment, dans la France entière, avant la guerre; si en face du chiffre ainsi obtenu, on inscrit le cube total de maçonnerie à reconstruire dans ces dix départements libérés en tablant sur un mètre cube par homme et par jour ouvrable, on arrive à constater qu'il faudra cinquante ans pour tout rebâtir. La disparition de tant de nos travailleurs tombés au champ d'honneur, la diminution du rendement, allongeront encore ce délai.

Et c'est encore la même pensée déconcertante, mais à laquelle il importe d'habituer les esprits, qu'exprimait l'autre jour M. le Président du Conseil, parcourant notre département avec cette sollicitude émue et bienveillante qui lui a conquis tous les cœurs. C'était dans un des cantons les plus atrocement détruits. Le Président disait que, ayant inscrit à l'article 1 de la loi du 17 avril le principe de la réparation intégrale de tous les dommages, le pays ne saurait faillir à la parole donnée ; que l'Allemagne doit réparer, et que, si d'aventure l'Allemagne venait à défaillir, les sinistrés auraient une créance imprescriptible sur la France qui, elle, paierait. Une voix derrière M. Millerand, celle d'un conseiller d'arrondissement, robuste et courageux agriculteur, cria : « Oui, quand nous serons morts. » Et le Président de se retourner : « J'allais le dire, et vous avez raison. Sans doute, la terre recouvrira votre dépouille, peut-être encore vos enfants eux-mêmes auront disparu, avant que la dette soit éteinte. Parce qu'il faut compter avec le temps!!... Et pour dire le vrai, les dommages directs et indirects causés par la guerre au département de l'Aisne peuvent être évalués approximativement à 36 milliards. Aucune puissance au monde ne pourrait réaliser pareille somme, représentative de la richesse accumulée au cours des siècles. Mais si demain, par miracle, cette fortune formidable était déposée dans les caisses du département, pensez-vous qu'elle pourrait être mise en œuvre utilement et sans délai, alors qu'avant guerre la France ne réalisait pas, sur tout son territoire, un milliard de travaux publics par an? »

Je ne me dissimule pas, Messieurs, ce qu'il peut y avoir de

vraiment cruel à prêcher la patience à des populations si rudement atteintes, et qui depuis plus de six ans, souffrent sans répit dans leurs personnes, dans leurs intérêts, dans leurs affections. Mais, en cette occurrence, comme en toute autre, la vérité est la meilleure politique. Ceux-là qui, parfois haut placés, ont fait avec une présomptueuse légèreté, entrevoir à brève échéance la restitution intégrale de la situation d'avant guerre, sont responsables des désillusions dont la cruauté s'est ajoutée à la détresse des sinistrés, comme aussi des difficultés de réalisation qu'elles ont engendrées. A cette population réfléchie et mesurée, dont le courage civique n'a pas connu de limites, on peut et on doit tout dire, parce qu'elle peut tout comprendre.

Du moins, dans ce département détruit, efforçons-nous de mettre en œuvre les moyens d'action qui lui sont dévolus, de manière à seconder l'œuvre du temps. On a dit souvent que le travail de reconstitution a été entrepris sans méthode. Le reproche est injuste. On a au contraire usé de trop de méthodes, au pluriel, et la multiplicité des directives successives et contradictoires n'a pas été sans ralentir la marche de l'entreprise. En pouvait-il être autrement ? L'immensité de la tâche ne permettait pas d'instituer un système à l'abri de toute critique. Aussi bien la méthode ne s'improvise pas ; elle n'est que la déduction coordonnée des résultats de l'expérience. Or, pareil désastre était sans précédent, et le passé n'offrait aucune base utile d'analyse. L'infinie diversité des cas d'espèces, au point de vue du règlement des dommages, comme la multiplicité des organismes de reconstitution, les difficultés du contrôle des uns et des autres, expliquent amplement les hésitations, les retards, les tâtonnements, les erreurs.

Il semble que cette ère préparatoire soit enfin résolue. Le fonctionnement normal et actif des commissions cantonales et des tribunaux de Dommages de guerre tend à fixer une jurisprudence dont les directives hâteront singulièrement la fixation des dommages définitifs. Au point de vue administratif, le réseau des circulaires ministérielles ne laisse dans l'ombre aucun point important, tandis qu'au regard de la reconstitution effective l'organisation nouvelle, née du décret du 16 juin, fixe rationnellement les conditions du travail.

En arrivant dans ce département, il y a plus d'un an, je ne me dissimulais pas les difficultés de la tâche à laquelle m'appelait la confiance du Gouvernement. Permettez-moi de vous rappeler les paroles que j'eus alors l'occasion de prononcer devant vous :

« Je ne suis pas de ceux qui, en prenant possession d'un nouveau poste, détiennent dans leur portefeuille tout un plan d'organisation, d'administration et de réformes. Même je vous demande très instamment de ne pas me juger aujourd'hui sur quelques paroles hâtives, et qui, après le discours de haute pensée que vous venez d'entendre, ne peuvent manquer de vous paraître malhabiles. Je vous demande au contraire de m'attendre à mes actes et de m'accorder quant à présent un peu de ce crédit moral indispensable à tout préfet qui arrive dans un département ; un peu de cette confiance sans laquelle son administration est sans portée, son action stérile, ses initiatives sans réalisation possible. »

Quatorze mois se sont écoulés depuis le jour où je tenais ce langage, pendant lesquels vous ne m'avez pas ménagé les témoignages de l'amicale confiance que je souhaitais si ardemment conquérir. C'est le résultat des efforts de mon administration au point de vue reconstitution que je vous soumets aujourd'hui ; je vous supplie de n'y chercher, ni la plaidoirie pro domo d'une conscience inquiète, ni l'apologie vaniteuse de résultats surestimés. Je veux espérer que vous l'apprécierez au contraire comme un simple bilan, exposé sans grande éloquence et sans vaine littérature, mais sincère et loyal. Au surplus, j'en reconnais volontiers l'imperfection. Puisse-t-elle du moins vous convaincre que, dans ce grand corps de fonctionnaires des régions libérées encore imprécis dans son organisation et hésitant dans son action, chacun, à la place qui lui est dévolue, n'a eu d'autre idéal que de conquérir dans votre estime la place réservée aux hommes de bonne volonté.

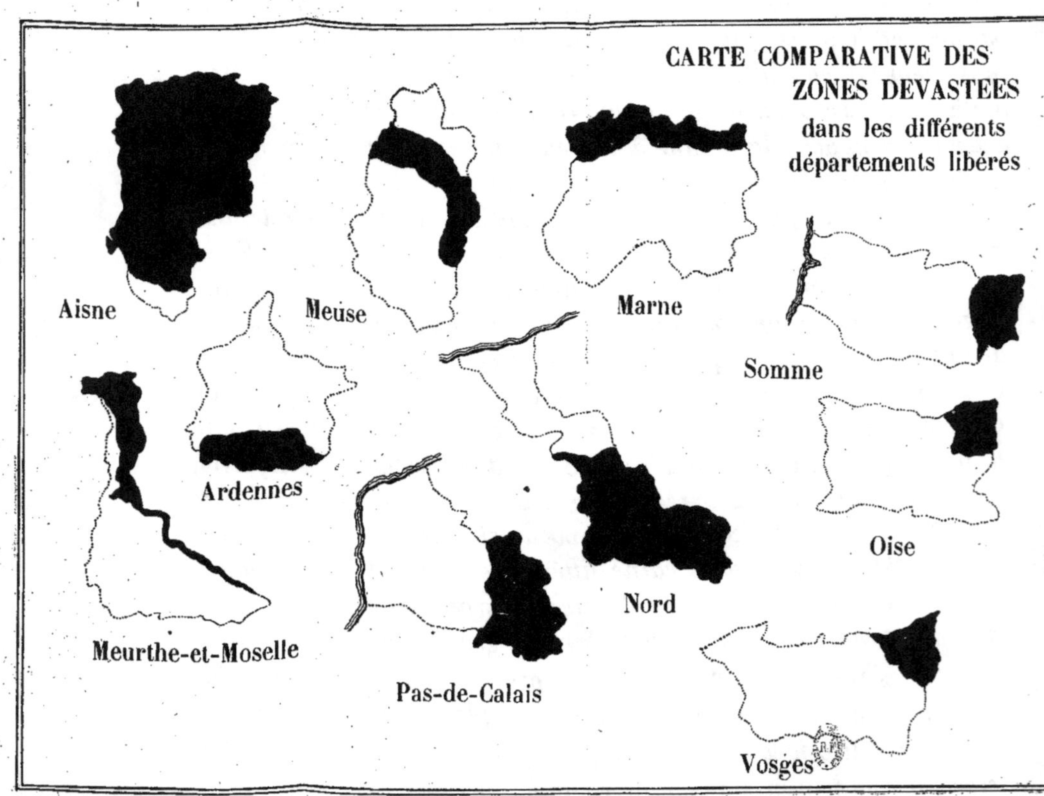

CARTE COMPARATIVE DES
ZONES DEVASTEES
dans les différents
départements libérés
Aisne
Meuse
Marne
Somme
Ardennes
Meurthe-et-Moselle
Pas-de-Calais
Nord
Oise
Vosges

PREMIÈRE PARTIE

LES SERVICES ADMINISTRATIFS DE LA RECONSTITUTION

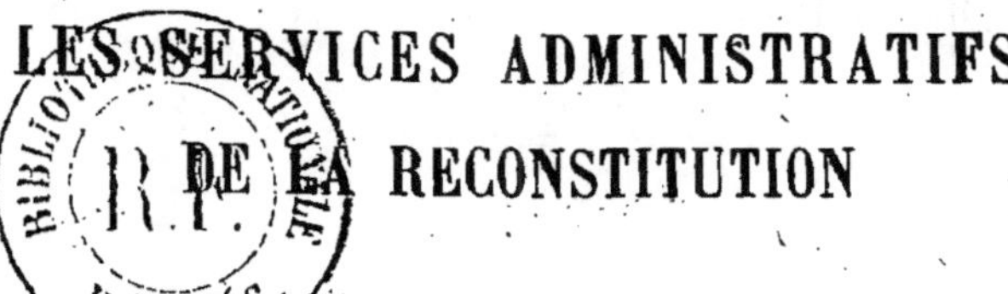

LOI DU 17 AVRIL 1919 CONCERNANT
LES DOMMAGES DE GUERRE

La loi du 17 avril 1919 crée aux sinistrés, victimes des faits de guerre, un droit à la réparation des dommages qui leur ont été causés.

Sans doute, depuis qu'il y a des hommes, et qui se battent, l'État avait quelquefois pris à sa charge, particulièrement depuis la Révolution, une partie de la réparation des dommages causés par la guerre. Mais dans quelles étroites proportions ! La Convention de La Haye stipulait bien que le belligérant qui violerait certaines dispositions de son règlement serait tenu à indemnité ; mais précédents historiques et textes antérieurs n'avaient qu'une valeur de simple indication, et aucune disposition législative n'accordait véritablement un droit au sinistré.

Cet état de choses n'échappa pas au Gouvernement, dès le début du trop long conflit qui se termina par notre victoire. Le 26 décembre 1914, le Gouvernement proposa au Parlement d'introduire, dans la loi de finances, pour l'exercice 1915, l'attribution d'un crédit de 300 millions, destiné à parer aux besoins les plus urgents résultant des faits de guerre. S'appuyant sur cette disposition, le projet de loi sur la réparation des dommages de guerre fut déposé par le Gouvernement, sur le bureau de la Chambre des Députés, le 11 mars 1915. La loi du 17 avril 1919 en fut la résultante.

LE SERVICE DU CONTENTIEUX DES DOMMAGES
DE GUERRE — EXPERTISES
ACOMPTES SUR DOMMAGES 1914

SERVICE DU CONTENTIEUX

1. Service du Contentieux. — 2. Service administratif des dommages de guerre. — 3. Vérification des acomptes.

Commissions des dommages de guerre.

Le Service du Contentieux a été créé le 5 septembre 1919, mais, dès le 11 mai précédent, une section du Service des Dommages de guerre avait été chargée de la constitution des commissions cantonales et de leur installation matérielle (application des dispositions de la loi du 17 avril 1919).

Par arrêté préfectoral en date du 20 mai 1919, le ressort et le siège desdites commissions ont été fixés pour l'ensemble du département.

Par un autre arrêté en date du 3 juillet 1919, les sinistrés ont été invités à déposer leurs dossiers aux greffes des commissions à partir du 15 juillet 1919, date des opérations de constatation et d'évaluation fixées par ledit arrêté.

Malgré les difficultés rencontrées par les services Travaux de première urgence (T. P. U.) d'abord, puis les services Travaux État (S. T. E.) ensuite, on peut dire que leur installation est maintenant, sinon confortable pour quelques rares commissions, du moins suffisante, pour l'ensemble.

Le personnel des commissions est entièrement constitué malgré la difficulté éprouvée à recruter :

1º Des délégués communs des ministères des Finances et des Régions libérées, dont la nomination, faite d'abord en accord avec les administrations intéressées, fut ensuite rapportée par suite de l'exigence d'un travail intensif imposé par les circonstances aux fonctionnaires des Finances;

2º Les agents administratifs; quelques agents provisoires qui ne donnent pas complète satisfaction seront remplacés, dès qu'il sera possible.

Au 15 août 1920, toutes les commissions cantonales fonctionnaient normalement. Elles ont enregistré 87.857 dossiers, en ont examiné 40.604 et ont rendu 34.836 décisions.

L'effort fourni par les commissions cantonales paraît, d'après ces chiffres, considérable. Toutefois, les résultats atteints eussent été certainement dépassés de beaucoup si les présidents des commissions cantonales avaient apporté à leur tâche une égale assiduité.

Le zèle des agents administratifs accrédités auprès des commissions cantonales ne peut être suspecté. Le Contrôle, établi depuis peu de temps il est vrai, a permis de se rendre compte que ce personnel est dans l'ensemble entièrement dévoué à la cause des sinistrés, qu'il apporte toute sa conscience à l'accomplissement d'une tâche souvent délicate, et que l'agent administratif constitue la plupart du temps la cheville ouvrière de la Commission près laquelle il est affecté.

Rares sont les exceptions à cette règle; les observations auxquelles elles ont donné lieu seront suivies de sanctions le cas échéant.

Il y a lieu de signaler l'inopérance au sein des commissions cantonales des délégués communs. Les démissions qui se sont produites chaque jour plus nombreuses sont une preuve que lesdits délégués sont appelés à disparaître à brève échéance, et à ne plus figurer dans la constitution des commissions cantonales. Il importe également de rappeler la nécessité impérieuse du contrôle administratif des commissions cantonales. Loin de porter atteinte à l'autorité du président de la Commission qui conservera comme magistrat son entière indépendance relativement aux décisions qu'il aura à rendre, il garantirait aux sinistrés une solution plus rapide de leurs dossiers de dommages de guerre. Le président d'un tribunal civil, en effet, ne voit pas son indépendance amoindrie parce que, disciplinairement, il est obligé par le premier président de la Cour d'appel d'avoir à présider un nombre déterminé d'audiences par mois; or, si la plupart des présidents des commissions cantonales ont convenu de tenir une audience par semaine à jour fixe, ce qui est une commodité, d'autres, plus soucieux d'arranger leurs affaires que celles de leurs justiciables, siègent quand bon leur semble et ne font que de courtes apparitions; ils viennent, par exemple deux fois par mois, entre deux trains, à leur Commission.

Une question essentielle à la bonne marche des travaux des commissions est, d'autre part, la question des greffiers.

Les greffiers peuvent se diviser en trois catégories :

1º *a*) Les greffiers déjà titulaires de greffes de paix;

b) Les greffiers déjà titulaires d'une étude d'huissier.

Obligés d'assumer la lourde tâche de leur charge, ils doivent, pour pouvoir remplir leurs nouvelles fonctions, faire appel au concours de commis greffiers dont les sinistrés paient les frais. Il serait plus simple, pour assurer le bon fonctionnement des greffes, de titulariser les commis greffiers;

2º Les greffiers qui, n'ayant pas déjà la charge d'une fonction publique, n'ont pas moins profité de leur titre pour transformer leur greffe en officine de constitution de dossiers. Ceux-là encore n'hésitent pas à s'adjoindre des auxiliaires payés par les deniers publics et à délaisser leurs principales attributions pour en prendre d'autres à côté, qui sont plus fructueuses;

3º Les greffiers qui consacrent toute leur activité à leurs seules fonctions.

Il résulte des constatations ci-dessus que la plupart des greffiers placés sous la dépendance de présidents de commissions cantonales, qui ont tout intérêt à les ménager, échappent en fait à toute surveillance et se trouvent toucher des émoluments qui non seulement ne leur sont pas dus, mais ne sont pas en rapport avec le travail qu'ils ont réellement fourni.

Il conviendrait de créer un contrôle de ces fonctionnaires; il permettrait de réaliser en peu de temps de sérieuses économies et d'établir le service sur des bases plus rationnelles.

Tribunaux des dommages de guerre.

1º *Constitution.* — Les tribunaux des Dommages de guerre du département se sont trouvés définitivement constitués par l'adjonction des membres désignés par voie de tirage au sort (L. 17 avril 1919, art. 29 § 3), aux dates suivantes :

Tribunal de Vervins	23 avril 1920.
— de Saint-Quentin	19 mai 1920.
— de Laon	12 avril 1920.
— de Soissons	9 avril 1920.
— de Château-Thierry	27 mai 1920.

Depuis lors, il a été procédé régulièrement au renouvellement desdits membres à l'expiration des deux mois de chaque session ; on a, d'autre part, assuré la suppléance et le remplacement des agents administratifs près les tribunaux des Dommages de guerre de Laon et de Saint-Quentin, de telle sorte que le cours de leurs opérations pût se poursuivre régulièrement.

2° *Fonctionnement.* — État des opérations des tribunaux des Dommages de guerre au *15 août 1920.*

	VERVINS	SAINT-QUENTIN	LAON	SOISSONS	CHATEAU-THIERRY	SOIT au total
Affaires inscrites	70	142	117	14	27	370
Jugements.	25	49	72	8	5	159
Mineurs (art. 25). . .	22	49	55	5	4	135
Officiers ministériels. .	»	»	»	1	»	1
Contestations.	3	»	8	2	1	14
Autorisations (art. 44).	»	»	1	»	»	1
Affaires ayant donné lieu à des expertises . . .	2	»	»	»	»	2
Date de la 1re audience. .		27-4-20	2-6-20	21-4-20	25-4-20	1-6-20

Le tableau ci-dessus donne lieu aux observations suivantes :

1° Le Tribunal de Saint-Quentin a différé d'examiner des questions litigieuses jusqu'au retour de son président M. Zeys, souffrant. En conséquence, la première audience où il sera statué sur des contestations a été fixée au 8 octobre prochain ;

2° La première audience effective du Tribunal des Dommages de guerre de Château-Thierry n'a été tenue que le 24 juillet dernier, en raison des difficultés matérielles nombreuses qui ont retardé son fonctionnement ;

3° Il est presque superflu de faire ressortir que les tribunaux des Dommages de guerre ne seront guère saisis que du moment où les commissions cantonales auront entrepris de statuer sur des demandes d'indemnités immobilières, propres, plus que toutes autres, à soulever des contestations.

Service des Acomptes 1914.

Le Service des Acomptes, institué à la suite du décret du 20 juillet 1915, a fonctionné aussitôt après la constatation et l'évaluation des commissions cantonales des cantons de Château-Thierry, Charly, Condé-en-Brie, Fère-en-Tardenois, Neuilly-Saint-Front, Oulchy-le-Château et Villers-Cotterêts.

État statistique des dépenses.

1° Sans régie :

    a) Dépenses de l'origine à fin juillet. . . .　3.173.284ᶠ 90
        Nombre de mandats émis : 1.546.
    b) Dépenses de l'origine à fin août. . . . .　3.249.158 05
        Nombre de mandats émis : 1.577.

2° Avec régie :

Néant.

Expertises (Loi du 5 juillet 1917).

Le Bureau des Expertises a été créé par application de la loi du 5 juillet 1917 pour procéder, sur requête des sinistrés, à la nomination des experts de l'État en vue de la constatation de la situation de l'état des biens endommagés. La circulaire du 8 novembre 1919, n° 124, réduit le nombre des demandes d'expertises.

De nombreuses réclamations sont faites aux présidents des tribunaux pour activer la rentrée des constats et permettre le mandatement des sommes dues aux experts.

Le nombre des mandats expédiés aux experts depuis le commencement du service représente une somme de 597.379ᶠ 40.

En résumé, et malgré les imperfections ci-dessus signalées, les tribunaux des Dommages de guerre et les commissions cantonales fonctionnent, s'il faut tenir compte des difficultés de tous ordres qu'ils rencontrent dans l'accomplissement d'une tâche entièrement nouvelle et délicate, d'une manière satisfaisante.

Toutefois, on fera remarquer ici que, à part quelques demandes d'indemnités pour dommages industriels, dont le montant s'élevait à plusieurs millions, les commissions cantonales ne se sont jusqu'à présent prononcées que sur des demandes mobilières dont l'importance pour chacune était minime, mais dont le total s'élevait néanmoins, pour l'ensemble des commissions cantonales de mon département, à la somme de 70 millions, valeur 1914, au 1ᵉʳ juin 1920.

Bien que le travail se soit de jour en jour accru, le personnel du Contentieux a pu, sans s'adjoindre de nouvelles recrues, y suffire grâce à son dévouement et à sa conscience professionnelle; aucun retard n'a pu être signalé dans l'envoi aux différents services des pièces qui intéressaient à un titre quelconque les sinistrés.

SERVICE ADMINISTRATIF DES DOMMAGES DE GUERRE

Le Service administratif des Dommages de guerre a été créé en exécution des instructions de la circulaire n° 51 du ministère des Régions libérées, en date du 21 avril 1919; mais, par suite de la pénurie du personnel, ce service ne commença à fonctionner qu'à la date du 21 juillet suivant.

Il est chargé de l'application de la circulaire n° 51 et de la circulaire n° 58 en ce qui concerne l'envoi au ministère des extraits des décisions des commissions cantonales, accompagnés des demandes en délivrance de titres.

Prescriptions de la circulaire n° 51.

Cette circulaire n° 51, complétée par celle du 6 juin 1919, prescrivait au Service administratif divers classements et écritures essentielles suivants :

1° Un registre matricule où sont inscrits les sinistrés, soit à l'occasion d'une première demande d'acomptes ou d'avances, soit ultérieurement, pour les sinistrés n'ayant demandé ni acomptes ni avances, à l'occasion de l'arrivée au Service administratif des Dommages d'un premier extrait de décision d'une commission cantonale ou d'un tribunal des Dommages de guerre les concernant. Le numéro d'inscription sur ledit registre constitue le numéro matricule départemental de l'intéressé;

2° Un registre d'ordre où les pièces de la correspondance sont inscrites à la suite;

3° Des dossiers, établis au nom de chacun des intéressés avec indication de leur numéro matricule d'inscription et classés dans l'ordre de ces numéros; ces dossiers doivent être renfermés dans une chemise portant sur la première page les nom, prénoms, domicile et toutes les indications nécessaires pour individualiser le sinistré; il peut lui-même être divisé en plusieurs parties contenues dans des sous-dossiers.

Les pièces destinées à y être classées comprennent d'une manière générale :

Toutes les demandes adressées à l'Administration par le sinistré en vue de l'octroi d'acomptes ou d'avances ainsi que tous les états déclaratifs ou justificatifs qui y sont joints; toute la correspondance échangée et toutes les notes fournies à ce sujet par les divers services; les avis des commissions spéciales d'avances pour fonds de roulement; les pièces non comptables produites à titre de justification pour apporter la preuve que les travaux ou achats ont été bien effectués; les avis émanant des divers services de l'armée (intendance, service des cantonnements, service du génie, claims, commissions anglaises, etc.) et relatifs à des indemnités payées à divers titres pour des réquisitions ou des dégâts susceptibles d'être invoqués à nouveau comme dommages de guerre, etc.

Chaque dossier individuel doit contenir, en outre, une feuille spéciale dite « Relevé des décisions, mandatements ou prestations en nature », destinée à recevoir l'indication de tous acomptes ou avances consentis et de toutes cessions ou attributions effectuées, imputables sur les futures indemnités de réparation de dommages, ainsi que de toutes sommes payées à l'attributaire à d'autres titres.

Le moment venu, les indemnités allouées par les commissions et les tribunaux de Dommages doivent être inscrites à leur tour;

4º Un fichier nominatif constitué par des fiches établies aux nom et prénoms de chacun des demandeurs avec renvoi au numéro d'ordre du dossier et classé par ordre alphabétique; le rôle de ce fichier permet de faciliter les recherches et de prévenir les doubles emplois.

Exposé de l'arriéré passé au Service administratif (S. A.) par le Service de Centralisation des comptes individuels (S. C. C. I.).

Avant la création du Service administratif des Dommages, le Service de Centralisation des comptes individuels (S. C. C. I.) était chargé de quelques-unes de ces opérations, mais il avait un arriéré considérable et il laissa au Service administratif le soin de l'apurer.

Le 21 juillet 1919, le Service administratif reçut du S. C. C. I. :

1º 6.500 demandes d'avances à enregistrer, dont 5.909 pour le mobilier, le reste pour les autres services;

2º 23.000 fiches individuelles de sinistrés établies sur un carton blanc non imprimé, de format différent, avec des inscriptions très sommaires et au crayon, ne permettant pas d'individualiser les sinistrés;

3º 37.000 dossiers dont la plupart étaient représentés par une simple feuille double de papier blanc, au recto de laquelle étaient portés le numéro matricule du sinistré et quelques renseignements sur son état civil; sur un cinquième de ces dossiers, quelques imputations incomplètes étaient inscrites; sur les quatre cinquièmes, il n'y avait absolument rien, bien que beaucoup de sinistrés aient eu des ouvertures de crédit et reçu différentes avances tant en espèces qu'en nature.

De plus, aucun registre matricule n'avait été ouvert. Pour que le Service pût marcher normalement, il fallait à tout prix regagner ce retard.

Ce qui a été fait. Mise à jour de l'arriéré passé par le S. C. C. I.

Le 21 juillet 1919, le travail fut commencé avec deux employés seulement.

1º *Demandes.* — Le plus urgent était d'enregistrer et immatriculer les 6.500 demandes en retard en vue de leur transmission au Service des Avances pour suite à donner.

En dehors de ces 6.500 demandes arriérées, il y avait encore à assurer l'immatriculation des demandes arrivant quotidiennement. Au 11 août, 13.691 demandes d'avances étaient parvenues au Service, 7.351 avaient été immatriculées; le 10 septembre, le personnel ayant pu être augmenté de quelques unités, tout l'arriéré des demandes fut liquidé et le travail courant d'immatriculation assuré. A cette date parvenaient journellement 900 demandes; ce chiffre s'éleva à 2.200 vers la fin septembre.

2º *Dossiers et fiches.* — Le 1er octobre était entreprise la vérification des anciens dossiers du S. C. C. I. Des inscriptions qui y étaient portées et des 23.000 fiches, il fallut refaire 8.000 de ces dernières. Le 15 novembre, le travail de contrôle des 37.000 dossiers mentionnés ci-dessus était achevé. A la suite des renseignements demandés aux maires, de très nombreuses rectifications furent effectuées et permirent d'individualiser d'une manière à peu près certaine les sinistrés, en prévenant bien souvent des doubles et des triples emplois.

3º *Imputations.* — Ce travail resté longtemps en souffrance a été terminé fin octobre.

A la date du 1er novembre, le Service administratif avait donc regagné tout l'arriéré que lui avait laissé le S. C. C. I., mais, par suite du manque de personnel, les dossiers ne purent être constitués en même temps que l'immatriculation des demandes et que la confection des fiches; actuellement ces dossiers sont mis à jour au fur et à mesure des imputations à y inscrire.

Prescriptions de la circulaire n° 58.

Les demandes en délivrance de titres étant adressées au préfet et reçues par le Service administratif des Dommages de guerre, ce service doit rechercher en premier lieu s'il existe un dossier au nom de l'attributaire.

Il y a lieu de remarquer à ce sujet que des avances ont pu être consenties à des sinistrés dont l'état civil était indiqué d'une manière incomplète; que des femmes mariées dont le conjoint était mobilisé ont pu obtenir des avances, soit sous leur nom patronymique, soit sous leur nom d'alliance; que des sociétés ont pu être désignées sous une raison sociale qui n'est pas exactement celle qui figure sur l'extrait de décision de la Commission cantonale ou du Tribunal des Dommages; que, pour des biens indivis, des avances ont pu être accordées au nom de l'un des co-propriétaires; que des sinistrés éloignés du lieu de leurs dommages ont pu bénéficier de certaines avances, etc.

L'état civil figurant sur l'extrait de décision devant être tenu pour seul exact, il conviendra de mettre, en cas de divergence, l'intitulé du dossier en complète concordance avec le libellé de l'extrait; s'il n'existe pas de dossier, il en sera créé un immédiatement ainsi qu'une fiche; les demandes successives en délivrance de titres seront prises en note sur le dossier ou sur une « feuille annexe » et les attributions effectuées mentionnées ultérieurement en regard de ces indications.

Les demandes en délivrance de titres seront ensuite envoyées au Contrôle financier, accompagnées des extraits de décisions des commissions cantonales, avec mention du numéro du dossier administratif; le Contrôle financier retournera ces pièces avec le bulletin n° 54 (situation du compte).

TABLEAU

Tableau des principales opérations effectuées par le Service du 1er avril au 25 août 1920.

TRAVAIL MENSUEL	AVRIL	MAI	JUIN	JUILLET	Jusqu'au 25 août	TOTAL
Nombre de dossiers constitués. .	10.166	19.513	8.588	7.594	1.864	47.725
Demandes reçues	15.043	11.866	8.275	9.220	7.758	52.162
Fiches individuelles	4.800	4.122	2.836	2.770	2.164	16.692
Renseignements sur fiches données à la Section d'avances « Agriculture »	2.627	2.030	1.970	1.048	1.129	8.804
Demande complémentaire « Agriculture ».	877	650	669	603	344	3.143
Imputations journalières « Agriculture ».	4.034	3.434	1.783	3.294	2.260	14.805
Imputations journalières « Mobilier ».	11.167	20.739	10.169	8.301	506	50.882
Imputations journalières « Commerce ».	5.758	1.159	809	680	380	8.786
Imputations journalières « Reconnaissances de fournitures de la Tiers-Mandataire »	1.238	»	»	»	»	1.238
Imputations journalières « Cessions de matériaux et Ponts et Chaussées ».	3.447	3.627	1.981	2.672	3.769	15.496
Imputations journalières « Bicyclettes »	»	»	»	»	5.254	5.254
Imputations journalières « Bons de réquisitions ».	»	»	»	»	638	638
Imputations journalières « Cessions en nature ».	»	»	»	»	850	850
Imputations journalières « Acomptes. 14 »	6	»	192	»	»	198
Imputations journalières « Réparations d'immeubles ».	»	»	579	42	»	624
Imputations journalières « Remboursement de frais de transport»	»	»	»	47	44	91
Imputations journalières « Matériel scolaire ».	»	78	2	»	»	80
Signification dans les divers services des cessions.	321	265	342	379	362	1.669
Oppositions.	23	14	23	21	39	120
Mainlevée.	»	6	»	4	2	12

Situation des extraits de décisions des commissions cantonales parvenus au Service depuis avril 1920.

Nombre d'extraits de décisions parvenus au Service. 26.420
Nombre d'extraits de décisions envoyés au ministère des Régions libérées. 19.481
Nombre d'extraits de décisions prêts à être expédiés au ministère des Régions libérées. 1.967
Nombre d'extraits de décisions en instance au Contrôle financier. 5.110
Nombre d'extraits de décisions à envoyer au Contrôle financier. . 1.097

SECTION DE LA VÉRIFICATION DES ACOMPTES

Service des Acomptes.

L'application des instructions de la circulaire ministérielle n° 58 du 12 février 1920, relative au paiement des indemnités de dommages de guerre, nécessitait la création d'un nouveau service, dit *Service des Acomptes*, qui a commencé à s'organiser le 19 juillet dernier.

Rôle du Service.

Ce service est chargé de recevoir les demandes de paiement sur indemnités de dommages de guerre formulées par les indemnitaires (paiements à valoir sur les titres de créance que leur a adressés le Crédit National).

Demandes de paiement ou d'acomptes.

Des diverses règles à suivre pour le paiement des indemnités, il résulte que les demandes peuvent être faites sous des formes différentes, selon qu'il s'agit d'un premier acompte, d'un acompte sur justifications ou du règlement définitif d'un titre.

Marche du Service.

D'après les instructions de la circulaire précitée, la marche du Service a été envisagée comme suit :
1° Réception des demandes, classement;

2° Enregistrement sur un registre d'ordre;

3° Transmission au Service administratif pour immatriculation;

4° Transmission (lorsqu'il s'agit des demandes d'acomptes sur justification accompagnées de pièces justificatives) au Service de Contrôle;

5° Au retour desdits services, transmission au Contrôle financier chargé d'indiquer sur chaque demande la série et le numéro du titre de créance sur lequel doit être imputé l'acompte ou le paiement demandé;

6° Contrôle des conditions de remploi;

7° Établissement de certificats administratifs;

8° Établissements des réquisitions et bordereaux;

9° Inscription au dossier individuel (feuille annexe);

10° Transmission définitive des réquisitions de paiement au Contrôle financier, chargé de l'envoi au Crédit National.

Travail effectué.

Le travail effectué depuis la création du Service est le suivant :

NOMBRE DE DEMANDES 1er acompte enregistrées	NOMBRE DE DEMANDES d'acomptes sur justifications enregistrées	NOMBRE DE DEMANDES d'acomptes en instance au C. F.	NOMBRE DE DEMANDES d'acomptes en instance au Service de Contrôle de l'emploi des acomptes	NOMBRE DE RÉQUISITIONS de paiement émises et adressées au C. F. pour transmission au Crédit National
434	89	155	89	269

Correspondance à échanger.

Il est à prévoir dès maintenant qu'une correspondance devra être échangée avec les attributaires qui, malgré la notice explicative que leur transmet le Crédit National avec leurs titres, établissent leurs demandes en omettant :

1° D'y joindre le titre de créance lorsqu'il s'agit d'une demande de paiement entraînant la liquidation totale;

2° En y joignant au contraire le titre qu'ils devraient conserver lorsqu'il s'agit d'un acompte;

3º En produisant des duplicata de factures au lieu d'originaux, etc. (les cas sont multiples).

Sur 513 demandes d'acomptes parvenues au Service, 250 ont été retournées aux indemnitaires pour régularisation.

Renseignements.

En dehors de ce travail normal, le Service a à fournir de nombreux renseignements verbaux aux attributaires de la région.

CHAPITRE II
LE RÉGIME DES AVANCES

1. *Avances aux agriculteurs.* — 2. *Avances sur bons de réquisitions ennemies.* — 3. *Avances aux commerçants et artisans locaux.* — 4. *Avances pour mobilier familial.* — 5. *Avances pour réfection d'immeubles.* — 6. *Avances pour frais d'établissement de dossiers.* — 7. *Avances pour frais de compensation.*

SECTION DES AVANCES AUX AGRICULTEURS

Le Service des Avances aux agriculteurs a été organisé fin novembre 1918, par application de la circulaire du 21 octobre 1918 dans le but de procurer aux sinistrés des avances pour leur donner les moyens indispensables de reconstituer leurs exploitations dévastées.

A la suite de nouvelles instructions, les avances consenties ont été portées de 1.000 à 2.000 francs par hectare pour les terres remises en culture; à 4.000 francs pour les maraîchers et vignerons; à 2.500 francs pour les cultures industrielles et les éleveurs de chevaux de race. Les sommes ainsi attribuées sont affectées : quatre dixièmes au paiement des salaires et à la subsistance de la famille, le surplus aux achats de matériel et de cheptel.

Le mandatement, tant pour les avances destinées au paiement des salaires que pour celles destinées aux achats de matériel et de cheptel, est effectué directement par le Service.

M. le secrétaire général de la Reconstitution est régisseur des avances; les paiements s'effectuent par mandats-cartes postaux et par chèques.

A fin mars 1920, 24.000 comptes étaient ouverts, et les avances consenties s'élevaient à un total de 418 millions de francs sur lesquels 215 millions étaient mandatés (non compris les imputations faites aux comptes des agriculteurs sinistrés par l'Office de Reconstitution agricole, et se montant au 1er janvier 1920 à 70 millions de francs).

Depuis cette date et jusqu'à fin août courant, 4.500 nouvelles décisions ont été prises, allouant aux agriculteurs un crédit total de

90 millions de francs, le montant des mandatements pour cette période s'élève également à 90 millions de francs. En résumé, 28.500 décisions ont été prises depuis l'origine pour un crédit total de 508 millions de francs, et les mandatements s'élèvent à 305 millions de francs (non compris les imputations faites par l'Office de Reconstitution agricole).

L'effort fait en faveur des cultivateurs au point de vue des avances a donc été considérable. Le résultat aurait été plus appréciable si les crédits avaient été délégués en proportion suffisante; les visites auraient été moins nombreuses, les réclamations moins pressantes.

Sont rattachées au Service « Agriculture » les régimes d'avances suivants :

1° Avances alimentaires.

5 % aux cultivateurs dont les terres sont incultivables par suite du bouleversement du sol (Instr. min. 7 août 1919).

A ce jour, 29 sinistrés ont bénéficié de ce régime pour une avance totale de 34.637^f 35.

D'après de récentes instructions, le bénéfice des avances alimentaires est étendu aux sinistrés agriculteurs, industriels, commerçants, et même n'ayant aucune profession, auxquels leur âge et leur état de santé ne permettent pas de reprendre une exploitation en vue de reconstituer les biens endommagés ou détruits. Ce service fonctionne.

2° Avances pour reconstitution de bois communaux et particuliers.

Ce régime a été institué par application des instructions ministérielles du 14 juin 1919.

A fin août 1920, 49 demandes ont été enregistrées pour une surface totale de 6.682 hectares.

Vingt-quatre demandes ont été solutionnées pour lesquelles il a été ouvert un crédit de 616.120^f 18, mis à la disposition du Service des Eaux et Forêts chargé de l'instruction, et de 394.966 francs pour travaux à exécuter par les particuliers.

A la suite d'observations du ministère, les mandatements directs aux sinistrés sont supprimés, l'Administration des Eaux et Forêts ayant seule qualité pour effectuer la reconstitution forestière.

3° Avances aux propriétaires.

Ces avances sont consenties aux propriétaires reprenant par eux-mêmes ou en association l'exploitation de leur ferme après résiliation du bail par leur fermier (L. 25 oct. 1919; Circ. min. 12 avril 1920).

Actuellement 125 demandes ont été enregistrées, 47 ont été solutionnées, allouant aux bénéficiaires un crédit total de 1.750.000 francs, sur lequel 459.945 francs ont été mandatés.

4° Avances aux agriculteurs sinistrés récemment victimes de la grêle.

Par télégramme en date du 5 août 1920, le ministre a fait connaître qu'un crédit de 4 millions de francs prélevé sur les crédits du mois d'août serait destiné à accorder une avance supplémentaire de 500 francs par hectare aux cultivateurs qui ont été récemment victimes de la grêle.

Des formules de demandes d'avances de l'espèce ont été envoyées aux maires des communes victimes de ce sinistre, et remises également aux chefs-lieux des cantons sinistrés.

Les demandes sont solutionnées dès leur arrivée au Service.

SECTION DES AVANCES SUR BONS DE RÉQUISITIONS ENNEMIES
AVANCES AUX MUNICIPALITÉS — MONNAIES ALLEMANDES
BONS RÉGIONAUX — CONTROLE DES AVANCES AUX INDUSTRIELS

Bons de réquisitions ennemies.

Le Service des Avances sur bons de réquisitions ennemies a été institué en application des instructions de la circulaire du 22 juin 1919 qui, dans le but de permettre aux sinistrés de coopérer le plus promptement possible à la reprise de la vie économique, a autorisé à ces derniers l'octroi d'avances sur bons.

Ces avances sont consenties jusqu'à concurrence de 75 % de la valeur du bon, et une commission spéciale est chargée de donner son avis tant sur l'admission de la demande que sur le montant de l'avance.

Ce service fonctionne normalement depuis le 1er août 1919.

Il a été alloué à cette date 8.053.950 francs à 890 bénéficiaires.

M. le secrétaire général de la Reconstitution est régisseur de ces avances.

Réquisitions ennemies opérées sans bons ou dont les bons ont été emportés par l'ennemi.

En vue de mettre les sinistrés en possession d'un titre justificatif régulier il a été créé, à Paris, auprès de la Commission des Réparations, un office de reconstitution des bons de réquisitions ennemies.

Par la voie de la presse locale, la création de ce nouveau service a été portée à la connaissance des sinistrés, et des formules de demandes ont été envoyées dans les mairies, conformément aux instructions de la circulaire du 13 mars 1920 de M. le ministre des Régions libérées.

Le nombre des demandes actuellement transmises à la Direction des Dommages de guerre à Paris est de 319.

Le nombre des bons déjà restitués est de 158.

Avances aux municipalités pour achat de mobilier et de matériel communal.

C'est en vertu des instructions de la circulaire du 19 mars 1919 que ce service d'avances a été institué. Il a pour but de répondre aux besoins, en mobilier et en matériel, des services municipaux, pour permettre à ces derniers de fonctionner.

Une commission est chargée d'émettre son avis sur l'attribution de l'avance et la fixation du montant. Elle fonctionne toujours régulièrement.

Il a été alloué à ce jour 4.084.010 francs pour 472 demandes.

Monnaies allemandes.

Quelques demandes tardives de détenteurs de ces monnaies dont la déclaration avait été faite par eux dans les délais impartis par la circulaire du 17 décembre 1918 — entre le 26 décembre 1918 et le 10 janvier 1919 — sont encore transmises à M. le ministre des Finances pour décision.

Bons régionaux.

Bien que les délais d'échange soient expirés, le Service continue à recevoir les demandes tardives pour le remboursement des bons et à les transmettre, après l'enquête prescrite par la circulaire du 6 août 1919, à M. le ministre des Finances pour décision.

Le nombre ainsi transmis en est de 404.

Contrôle. Office de Reconstitution industrielle. Avances aux industriels.

Primitivement assuré par la préfecture jusqu'en juillet 1919, le mandatement de ces avances est, depuis cette date, effectué par l'Office de Reconstitution industrielle, sous forme de chèques.

Ces avances sont l'objet d'un contrôle tout particulier, exercé tant en vue de réprimer les abus que de veiller à la stricte application de la circulaire du 21 février 1919 qui a institué le régime spécial d'avances aux industriels.

SECTION DES AVANCES AUX COMMERÇANTS, ARTISANS LOCAUX ET PETITS INDUSTRIELS

En exécution de la circulaire du 13 octobre 1917, le Service des Avances aux commerçants, artisans locaux et petits industriels a été institué.

Comme l'avance n'était portée qu'à 3.000 francs, les demandes étaient peu nombreuses, les gros commerçants trouvant la somme trop minime.

La circulaire du 20 juillet 1919 ayant porté le maximum à 20.000 francs, les demandes sont arrivées plus nombreuses :

Le paiement de ces avances s'effectue par chèques et par tranches sur justifications d'emploi (Circ. 16 oct. 1919).

Le montant des sommes mandatées depuis l'origine est de :

Bénéficiaires : 10.360 commerçants. . . . . . . : .	37.623.538ᶠ	
— 4.131 petits industriels et artisans locaux . . . . : .	7.183.200	

Mobilier professionnel.

En exécution de la circulaire du 22 février 1919, le Service des Avances « Mobilier professionnel » a commencé à fonctionner le 2 avril 1919.

Le maximum d'avances était de 10.000 francs.

Par circulaire du 17 décembre 1919, ce taux a été relevé à 15.000 francs.

Le montant des sommes mandatées est de : 4.118.022ʳ 60 pour 1.076 bénéficiaires. Ce mandatement s'effectue par mandats à souche.

Ce service peu important est rattaché à la Section des avances aux commerçants, artisans locaux et petits industriels.

SECTION DES AVANCES SUR MOBILIER FAMILIAL

Conformément aux prescriptions de la circulaire du 28 décembre 1917, il a été institué un Service spécial des Avances pour la reconstitution du mobilier familial. Ce service a commencé à fonctionner dès la réinstallation de la préfecture à Château-Thierry (octobre 1918) : 500 francs par chef de famille, plus 200 francs par personne à sa charge étaient adressés à chaque sinistré réintégrant son domicile d'avant-guerre.

Par la circulaire du 2 novembre 1918, cette avance de 500 francs par chef de famille a été portée à 1.000 francs, sans changement pour les personnes à charge, mais toujours sous la condition de réintégration.

La circulaire du 25 février 1919 a étendu l'octroi de cette avance à tous les sinistrés dans leur lieu de refuge. Les paiements étaient d'abord effectués par mandats administratifs, ce qui exigeait trop de temps pour satisfaire rapidement aux demandes.

La circulaire du 13 juillet 1919 ordonna la nomination d'un régisseur d'avances pour paiement par mandats-cartes postaux.

Jusqu'à cette époque il avait été solutionné : 25.590 demandes qui ont comporté un mandatement global de 26.252.945 francs.

A partir du 7 août 1919, date à laquelle le Service du Paiement par régisseur de mandats-cartes a été organisé, jusqu'au 31 mars 1920, il a été solutionné 98.000 demandes qui ont comporté un mandatement global de 120.713.700 francs, soit, à cette date du 31 mars 1920 : 146.966.645 francs.

Depuis cette époque, 11.500 demandes de première avance ont été reçues et solutionnées, elles ont donné lieu à l'envoi de :

11.500 mandats-cartes pour 12.737.100ʳ

Avaient été expédiés antérieurement, du 28 décembre 1918 au 31 mars 1919 :

               A reporter 12.737.100ʳ

Report 12.737.100ᵗ

26.590 mandats administratifs pour 26.252.945

98.000 mandats-cartes pour. 120.713.700

159.703.745ᵗ

Soit au total, au 25 août 1920 : 136.090 mandats.

Par décision du 25 mai 1920, M. le ministre des Régions libérées a décidé de relever le taux des avances accordées pour reconstitution du mobilier familial de 1.000 à 2.000 francs pour le chef de famille et de 200 à 300 francs pour chaque personne à sa charge.

La deuxième avance devait se faire indépendamment de la première, en bons d'achat utilisables dans les magasins du Service de la Reconstitution ou, à défaut, dans les maisons de commerce désignées à cet effet, par les soins du préfet.

En général, les sinistrés ont dépensé plus que la première avance qui leur a été accordée, l'application du système de bons d'achat présenta dès lors de grandes difficultés.

D'ailleurs, tous les sinistrés réclament avec insistance l'attribution de cette deuxième avance pour laquelle ils peuvent dès maintenant produire des justifications.

En présence des nombreuses réclamations produites, l'autorisation d'effectuer le paiement en espèces a été demandée à M. le ministre des Régions libérées qui vient de répondre d'accorder le mandatement en espèces toutes les fois qu'il ne sera pas possible d'effectuer le règlement en nature.

Avances sur bicyclettes.

Le Service des Avances sur bicyclettes (250 francs) disparaît complètement par l'application de la circulaire ministérielle du 25 mai 1920. Cette avance cesse d'être consentie en supplément du chiffre accordé pour reconstitution du mobilier.

SECTION DES AVANCES POUR RÉFECTION D'IMMEUBLES PARTICULIERS ET COMMUNAUX

Le Service des Avances pour réfection d'immeubles endommagés par les événements de guerre a été institué vers le 31 mars 1919.

Les différents régimes d'avances sont :

1º Les avances pour remboursement des travaux exécutés;

2º Les ouvertures de crédits aux particuliers;

3º Les ouvertures de crédits aux coopératives;

4º Les ouvertures de crédits aux communes et établissements publics;

5º Les ouvertures de crédit pour construction de maisons provisoires par les soins des sinistrés eux-mêmes;

6º Les avances en nature (exécution de travaux aux immeubles par les soins de l'Administration).

Au début, le Service fonctionnait avec un employé et traitait journellement dix affaires en moyenne.

La circulaire du 14 août 1919, simplifiant les formalités d'instruction des demandes, ainsi que le mode d'attribution des avances, a donné une certaine ampleur à ce service qui dut être renforcé immédiatement de trois agents. A cette époque, le nombre moyen d'affaires traitées journellement s'éleva à soixante.

Depuis lors, les demandes n'ont cessé d'affluer d'une façon croissante. Les sociétés coopératives de reconstruction ayant pris un grand essor, il a fallu songer, en octobre 1919, à monter un service ne s'occupant que des demandes de cette nature. Créé avec deux employés, ce service est tenu aujourd'hui par six agents qui ne peuvent suffire à une tâche de plus en plus lourde, rendue écrasante par l'application des prescriptions de la circulaire de M. le ministre des Régions libérées en date du 24 décembre 1919, relative aux pouvoirs donnés par les sinistrés aux trésoriers des coopératives.

A ce sujet, il serait à désirer que le Service n'ait pas à intervenir dans cette question de pouvoirs et que la charge en soit laissée exclusivement aux coopératives de reconstruction.

Le Service se bornerait à établir les titres de paiement au nom des sinistrés et à les faire parvenir au président de la coopérative qui en délivrerait récépissé. On économiserait ainsi cinq agents, et les paiements, retardés par les formalités de régularisation et de délégation des pouvoirs, y gagneraient en célérité.

Situation actuelle.

Aujourd'hui, la situation se présente ainsi :

Nombre de dossiers reçus 27.407
Nombre de dossiers solutionnés. 33.283

La différence représentant ceux qui sont encore à l'instruction des Services techniques et les 3.321 dont l'engagement de dépenses n'est pas pris en exécution de la dépêche ministérielle n° 3550 du 26 juin 1920.

Montant des comptes ouverts 936.672.333ᶠ 27
Engagements de dépenses à prendre dès que les crédits le permettront (Circulaires susvisées) 114.581.702 11
Sommes payées. 217.540.349 77

Compression des crédits.

En avril et en mai, les crédits délégués ont permis de faire face aux engagements de dépenses.

En juin commence la compression. Tandis que 58.501.291ᶠ 04 de mandatements sont préparés en vue de leur envoi aux sinistrés dès l'arrivée des crédits de ce mois, 16.586.892ᶠ 80 seulement ont été délégués au Service. En y comprenant le solde du mois précédent, les crédits disponibles s'élevaient seulement à 23.024.936ᶠ 09.

Par suite de l'insuffisance de ces crédits, une compression dans les dépenses devint nécessaire et j'établis alors, ainsi qu'il suit, l'ordre d'urgence des travaux :

1° Hangars agricoles;
2° Granges, écuries, remises;
3° Tous autres bâtiments d'exploitation agricole;
4° Maisons d'habitation.

Dès lors, il était nécessaire de procéder à une ventilation minutieuse de la valeur des bâtiments agricoles et d'habitation, et nombre de dossiers ont dû être retournés aux Services techniques afin que cette ventilation soit effectuée et que de nouvelles propositions soient émises.

Il en est résulté dans les travaux du Service une grande perturbation qui a entraîné des retards importants. De là, les réclamations véhémentes des sinistrés et des comités de coopératives, les nombreuses interventions, le tout nécessitant un surcroît de recherches, de notes et de correspondance.

Voici le tableau d'emploi des crédits des trois derniers mois :

TABLEAU

CRÉDITS ALLOUÉS	PAIEMENTS EFFECTUÉS	
	COOPÉRATIVES	PARTICULIERS
Juin. 16.586.892ᶠ80	10.421.823ᶠ64	12.916.452ᶠ56
Solde de mai. 6.765.649 87	»	»
Juillet. 25.582.575 37	16.473 485 80	9.074.523 97
Août 27.303.464 25	17.720.278 50	9.352.675 27

Les chiffres des deux derniers mois se décomposent en :

Bâtiments agricoles	Juillet	13.598.218ᶠ78
—	Août	18.594.755 32
Maisons d'habitation	Juillet	11.949.790 99
—	Août	8.478.198 45

BÂTIMENTS COMMUNAUX	CRÉDITS ALLOUÉS	PAIEMENTS EFFECTUÉS
Juin	132.894ᶠ92	132.594ᶠ92
—	600.000 »	628.816 62
—	940.000 »	939.738 »

SECTION DES AVANCES POUR FRAIS D'ÉTABLISSEMENT DE DOS-SIERS DE DOMMAGES DE GUERRE ET CONSTRUCTION DU FONDS DE ROULEMENT AUX SOCIÉTÉS COOPÉRATIVES

Le Service a commencé à fonctionner peu après la circulaire ministérielle du 25 avril 1919.

Les demandes, sous ce régime, sont parvenues en petit nombre (environ 200).

Deux employés ont suffi à les solutionner.

Ce n'est qu'après les instructions des circulaires des 29 juillet, 3 et 26 août que le Service a pris de l'ampleur.

Les sociétés coopératives de reconstruction ont présenté et présentent encore de nombreuses demandes, auxquelles s'ajoutent les demandes individuelles qui arrivent également en très grand nombre.

Une instruction du 24 décembre 1919 a prescrit le mandatement direct aux sinistrés ou aux sociétés coopératives de reconstruction, lorsque le trésorier justifie de la production d'un pouvoir en double exemplaire.

Une nouvelle circulaire du 24 février 1920 a prescrit que les avances en espèces devaient être payées par tranches; la première de 20 % versée sans justifications, les tranches suivantes après justifications sous réserve du paiement du dernier quart qui ne peut être effectué qu'après évaluation définitive du dommage par les commissions ou tribunaux des Dommages de guerre.

Les taux des avances primitivement fixées par la circulaire du 29 juillet 1919 ont été modifiés par l'instruction du 24 février 1920, avec effet rétroactif à partir du 1er janvier 1920.

Les paiements sont effectués par mandats-cartes jusqu'à concurrence de 2.000 francs, et, au-dessus de cette somme, par chèques.

Le nombre de sinistrés ayant obtenu des avances au 20 août dernier s'élève à 28.859 pour un mandatement total de 24.490.033 francs.

SECTION DES AVANCES « COMPENSATION »

(Prévue à l'article 46-§ 9 de la loi du 17 avril 1919.)

Ce régime d'avances, réglé par la circulaire du 26 avril 1920, fonctionne depuis fin juin dernier, en application de l'article 46-§ 9 de la loi du 17 avril 1919, qui est ainsi conçu : « Si l'attributaire est débiteur de l'État à quelque titre que ce soit, même pour le paiement de ses contributions, la somme ainsi due par lui sera, sur sa demande, imputée à valoir sur le montant de son indemnité et ne sera pas exigible avant que ce montant ait été déterminé. »

Trois modèles de formules ont été établis :

1º Contributions directes;

2º Produits divers et recette d'ordre;

3º Droits de mutation par décès.

Ils sont mis à la disposition des sinistrés dans les mairies, bureaux de perception et dans les bureaux d'Enregistrement.

Les demandes établies sont transmises à la préfecture par le comptable du Trésor et sont soumises dès leur arrivée aux vérifications d'usage en matière d'avances.

A ce jour, 2.166 demandes des trois catégories sont parvenues, et sur ce nombre, il a été alloué 396.609f 33 pour 138 bénéficiaires; 611 demandes sont rejetées en conformité des prescriptions de la circulaire ministérielle susvisée; 1.417 demandes sont à l'examen ou en préparation de mandatement.

CHAPITRE III

LE FONCTIONNEMENT DU SERVICE DES CESSIONS
ET DU CONTROLE

———

Lors de la création du Service des Avances à valoir sur les dommages de guerre éprouvés par les sinistrés du département de l'Aisne, le Bureau des Cessions qui portait le titre de Bureau des Avances en nature, fut institué; il se composait d'un architecte, agent technique faisant fonctions de chef de bureau, et d'une employée. Un peu plus tard, un employé fut adjoint, et cela jusqu'au mois de juin 1919. A cette date, un comptable et une comptable furent affectés au service; les avances en nature consistaient en quelques meubles, literie, provenant des stations-magasins de Laon et de Saint-Quentin et mis par le ministère des Régions libérées à la disposition des départements envahis. Le nombre des opérations était minime en raison du peu de mobilier dont on disposait.

Au mois de juillet, une orientation toute nouvelle fut donnée à ce service. On commença par envisager la création de magasins dans chacune des sous-préfectures et dans les gros centres sinistrés du département; c'est ainsi que des magasins annexes furent ouverts à Fargniers, Chauny, Vervins, Vadencourt, Flavy-le-Martel, Toulis, Château-Thierry, Soissons, Blérancourt, Saint-Quentin, Anizy-Pinon, et que prochainement un nouvel établissement sera ouvert à Coucy-le-Château.

La station-magasin centrale fut transportée dans de grands baraquements installés dans les dépendances de l'École normale des instituteurs, mais, bientôt, on s'aperçut qu'ils étaient encore trop restreints.

Magasins du Champ Saint-Martin.

Le magasin central dont l'installation avait été prévue au Champ Saint-Martin est complètement terminé et aménagé, il a été inauguré le 4 mai 1920. Les ventes directes aux sinistrés au comptant se poursuivent avec un succès sans cesse croissant; les acheteurs viennent de plus en plus nombreux, en raison non seulement des articles vendus, mais aussi à cause de leur variété et de la modicité de leur prix. Le montant des ventes de la station-magasin centrale depuis l'inauguration a été de 1.049.739ᶠ 70. Avec les neuf stations-magasins de Soissons, Saint-Quentin, Vervins, Anizy-Pinon, Fargniers, Vadencourt, Toulis, Flavy-le-Martel et Chauny, qui fonctionnaient déjà, il a été ouvert, dans le courant du mois d'avril, deux nouvelles stations à Château-Thierry et Coucy-le-Château; et, le 1er juillet, une troisième à Fère-en-Tardenois. Le montant des ventes de ces stations-magasins a produit jusqu'à ce jour une somme de 1.999.167ᶠ 30.

Indépendamment de ces ventes, le Service des Cessions est chargé de la vente des voitures automobiles provenant de la liquidation des stocks, de la délivrance des bons de préférence et de bons d'achat à valoir en avance sur dommages de guerre, dont le nombre s'élève à l'heure actuelle pour les premiers à 1.890 et pour les seconds à 774, représentant une valeur de 8.224.947 francs.

Le Service des cessions reçoit chaque jour des cultivateurs venant de plus en plus nombreux pour se renseigner au sujet des ventes de chevaux et de leur répartition.

Les autorisations délivrées en vue de la liquidation des animaux provenant des S. T. E. s'élèvent, pour les mois de mai, juin, juillet, à plus de 4.185.

La liquidation des chevaux et voitures affectés au ravitaillement des communes continue sans cesse et a déjà produit depuis le 1er janvier 139.211ᶠ 90; celle du dépôt de Festieux s'est effectuée dans le courant du mois d'avril. La plupart des bons de cession signés par les bénéficiaires ont été soumis au Contrôle financier : le chiffre atteint à ce jour est de 487.573 francs pour 287 bénéficiaires.

Les démarches faites auprès du ministère en vue de doter les communes du département de matériel d'incendie devenu sans emploi dans les établissements de l'intérieur n'ont pas donné les résultats que nous escomptions. Par sa lettre du 22 juin dernier, il nous faisait en effet connaître qu'il ne pouvait mettre à la disposition du département que quatre pompes à bras; aucune instruction n'étant parvenue jusqu'à ce jour, des instructions ont été données au chef de service des matériaux afin de faire céder aux communes qui en ont fait la demande les pompes et matériel d'incendie sans emploi dans les dépôts des services techniques.

Le Service est également chargé de la cession des fours de campagne « Godelle » et des pétrins mécaniques qui ne servent plus à l'Intendance. Le montant de la location des fours de campagne a produit, à la date du 15 août, la somme de 12,083ᶠ 30.

Un service de location de matériel de couchage a été organisé, ce qui permet de procurer de la literie aux entrepreneurs chargés de la reconstruction des villes et communes du département, leur donnent la possibilité de coucher pour un prix ne dépassant pas 5 francs par mois et par unité, les ouvriers qu'ils emploient. Ce service a permis de faire rentrer dans la caisse de l'État pour les mois d'avril, mai, juin et juillet une somme de 58.542ᶠ 95.

Enfin, un grand nombre de matériel de toute nature a été récupéré, tant dans les dépôts militaires que dans certains centres et mis à la disposition des petits artisans, des entrepreneurs locaux ou cultivateurs, cela moyennant le paiement comptant de la délivrance des marchandises choisies.

Le but poursuivi par le Service est de mettre à la disposition des sinistrés tout ce qui est disponible dans les stocks tout en procurant des ressources aux caisses de l'État.

CHAPITRE IV

LE CONTROLE FINANCIER DES DOMMAGES DE GUERRE

Une circulaire ministérielle en date du 20 avril 1919 prévoit la création, auprès de l'Administration centrale et auprès des services départementaux des Dommages de guerre, d'un service de contrôle financier.

Les circulaires ministérielles nº 52 du 22 avril 1919 et suivantes délimitent les attributions et le rôle de ce nouveau service et précisent les règles relatives à son organisation.

Le Service départemental de Contrôle financier de l'Aisne, faute de personnel, ne fut en état de fonctionner que le 18 août 1919 avec un nombre d'employés très réduit et bien inférieur aux besoins. Toutefois, à compter de cette date, toutes les prescriptions ministérielles ont été très exactement suivies.

Attributions.

La tâche dévolue au Contrôle financier, entreprise le 8 août 1919, est, en résumé, la suivante :

a) Tenue d'une comptabilité générale de toutes les avances, espèces, nature, travaux à quelque titre que ce soit, mais imputables sur les dommages des sinistrés ;

b) Tenue des comptes individuels provisoires des sinistrés ;

c) Tenue d'une comptabilité générale des acomptes, espèces et nature, versés aux sinistrés dont les dommages ont été évalués par les commissions cantonales ;

d) Tenue des comptes individuels définitifs, des sinistrés en possession de leurs titres de créance, et apurement desdits titres de créance.

Les renseignements détaillés qui pourraient être fournis sur la marche de ce service seraient donc pour la plupart d'ordre essentiellement technique et n'offriraient qu'un intérêt relatif.

Quelques comparaisons de chiffres, sans grand développement, donneront le plus clair exposé du travail fourni par le Contrôle financier départemental des dommages de guerre.

Comptes provisoires.

A) Comptes ouverts au 31 mars 140.488
—   31 juillet 155.281
Comptes ouverts du 31 mars au 31 juillet 14.793

Ces chiffres sont aussi exacts que possible, ils ont été revisés minutieusement en juin. Les comptes ont été ouverts jusqu'ici à l'occasion de demandes d'avances sur indemnités de dommages de guerre non évaluées par les commissions cantonales.

Les comptes provisoires qui seront ouverts dorénavant seront établis en grande partie à l'occasion de dépôts d'extraits de décision des commissions cantonales.

Il faut tabler sur un total de 220.000 à 230.000 comptes individuels.

B) Imputation au débit des comptes individuels au 31 mars 707.858.623 12
Imputations au débit des comptes individuels au 31 juillet 1.107.122.905 05
Imputations effectuées du 31 mars au 31 juillet. 399.264.281ᶠ93

La somme totale, débitant au 31 juillet les comptes provisoires des sinistrés, représente 423.757 imputations régularisées et ramène de 300 à 116 millions de francs le chiffre des avances consenties aux sinistrés non encore portées aux comptes. Ce résultat est à signaler tout particulièrement, il a été obtenu grâce à un gros effort soutenu par le personnel durant ces derniers mois.

La régularisation des opérations antérieures à la création du Contrôle se poursuit actuellement dans de meilleures conditions qu'au début de l'année, malgré les nombreuses difficultés qui compliquent nos écritures comptables.

C) Extraits des décisions des commissions cantonales liquidés par le C. F. en vue de la délivrance des titres de créance, au 31 mars. 224
En juillet 11.193
Du 31 mars au 31 juillet 10.969

Au 25 août, sur *26.505* extraits de décisions reçus en demandes de délivrance de titres de créances, *21.435* ont été solutionnés par le Contrôle financier départemental et transmis à l'Administration centrale. Il reste donc à cette date 5.070 extraits en instance. Les dossiers en cours de liquidation sont ceux reçus du 5 au 10 août.

Le retard inévitable et assez considérable qui a existé durant les premiers mois se trouve donc en grande partie rattrapé.

Actuellement, il appartient uniquement à l'Administration centrale de hâter les opérations d'établissement et de délivrance des titres de créance.

A chaque extrait de décisions, le Contrôle financier doit joindre une situation du compte de l'intéressé. Les difficultés que nous rencontrons pour déterminer le débit exact des sinistrés sont grandes. La responsabilité du Service départemental de Contrôle se trouvant directement engagée quant à l'exactitude des chiffres à inscrire au débit des titres de créance, il est nécessaire que toutes les garanties soient prises et que les erreurs, imprécisions et omissions soupçonnées dans les diverses comptabilités soient recherchées avec soin, ce qui exige un temps souvent considérable.

Des mesures spéciales tendant à la simplification de ces écritures ont été adoptées, mais il ne faut pas dépasser certaines limites, et je considère qu'il serait désastreux, pour gagner momentanément quelque temps, d'arrêter les comptes provisoires sans prendre un minimum de précautions comptables absolument indispensable. Les difficultés d'ordres divers provenant surtout de la variété des avances accordées, du nombre élevé des bénéficiaires, etc., etc., qui compliquent inévitablement notre tâche, en seraient d'ailleurs décuplées sous peu, et le résultat final se traduirait par un retard plus grand encore et une perturbation profonde dans le service de l'apurement des titres, au grand préjudice de l'État et des sinistrés.

Néanmoins, je compte pouvoir arriver incessamment, malgré le nombre toujours grandissant des dossiers déposés journellement, à ne conserver les extraits, au Contrôle financier, qu'un laps de temps ne dépassant pas dix jours.

Comptes définitifs. — Acomptes. — Apurement des titres.

Ce nouveau service tout récemment organisé fonctionne dans de bonnes conditions. Il exigera toutefois une augmentation très sensible et très prochaine du personnel, car près de 22.000 dossiers ayant été liquidés à ce jour, les comptes fractionnés vont nous parvenir du ministère en nombre correspondant et les demandes d'acomptes vont être déposées par milliers.

Dans un rapport adressé au Service central, le Service départemental signalait l'intérêt qu'il y aurait à établir la discrimination entre les avances « Meubles » et les avances « Immeubles » au moment de l'établissement du débit d'un titre de créance, contrairement aux prescriptions des circulaires ministérielles en vigueur.

Cette proposition a été adoptée et la discrimination est maintenant opérée par l'Administration centrale.

Un titre « Mobilier », par exemple, ne risquera plus de se trouver bloqué par suite d'imputations d'avances reçues pour « Immeubles ».

Le paiement d'acomptes sera ainsi rendu possible sur un grand nombre de titres, qui, sans cela, se seraient trouvés assez indûment soldés ou même en débet, jusqu'au jour du règlement par la Commission cantonale des dégâts de toutes catégories subis par le possesseur du titre.

Cette décision du Service central est donc tout particulièrement favorable aux sinistrés.

D'autre part, j'ai proposé récemment à l'Administration centrale une nouvelle interprétation d'un article de la circulaire ministérielle n° 58 réglant le paiement des premiers acomptes sans justifications, qui permettrait de favoriser les détenteurs de plusieurs titres perte subie, chacun d'une valeur inférieure ou égale à 3.000 francs, de même série, mais de diverses catégories. Cette interprétation, qui sera probablement adoptée, rendra possible le paiement intégral au sinistré de tous ces titres, sur demande de premier acompte.

Pour terminer, je signalerai que le Service du Contrôle financier est appelé à prendre une extension considérable.

Chargé à la fois de sauvegarder, par sa comptabilité, les intérêts du Trésor et ceux des sinistrés dans les opérations d'apurement de la dette de l'État au titre des dommages de guerre, sa tâche est excessivement lourde.

230.000 comptes provisoires, un nombre égal de comptes définitifs fractionnés doivent être tenus par ses soins.

Un fichier des titres délivrés, en accord avec celui du Crédit National et qui comportera près de 1.500.000 fiches, est à établir.

Toutes les demandes d'acomptes, espèces et nature, lui seront soumises, toutes les réquisitions de paiements dressées sur ses indications, ainsi que les notifications de paiements, toutes les factures de cessions doivent porter son visa après prises en charge aux comptes individuels, etc., etc.

Néanmoins, toutes mesures utiles sont d'ores et déjà prises pour permettre au Contrôle financier départemental de continuer à assurer sa besogne fortement accrue et compliquée en parfaite concordance avec le Service central, comme cela a existé jusqu'ici et de façon à éviter tout retard qui pourrait léser les intérêts des sinistrés.

CHAPITRE V

LA VIE LOCALE

Le Service de la Vie locale a été créé dès janvier 1919, le jour de la rentrée de la population dans les communes libérées.

Ce service a eu d'abord à s'occuper du fonctionnement des services administratifs municipaux, de la recherche des membres faisant partie des municipalités, des secrétaires de mairies et des instituteurs, puis s'est mis en rapport avec ceux-ci en vue de solutionner différents cas urgents et de prendre toutes dispositions pour faire face aux besoins les plus pressants.

Il a eu notamment à solutionner diverses questions se rapportant :

1° Au remboursement de prêts aux communes;

2° Aux livraisons de mobilier scolaire et communal;

3° A la réintégration;

4° A l'établissement des statistiques générales.

Il s'est tout spécialement occupé des livraisons de matériel aux écoles non encore pourvues de mobilier définitif, et, en dehors des fournitures prévues par le ministère des Régions libérées, il a dû faire appel à des fournisseurs particuliers.

Remboursement de prêts aux communes.

Les remboursements de prêts effectués aux communes par des particuliers ont donné lieu à un travail très important qui a nécessité beaucoup d'attention sur la vérification des demandes des intéressés, à l'établissement des bordereaux nécessaires à leur transmission au Service du Trésor, à l'enregistrement individuel et par communes, et à l'examen de cas d'espèces.

A ce jour, le nombre de demandes instruites et transmises est de 26.653, représentant une somme globale de 31.892.867ᶠ 48.

Malgré le délai expiré depuis le 31 août 1919, pour la production des pièces de cette nature, de nouvelles demandes parviennent encore à la préfecture, celles-ci sont retournées aux intéressés qui sont invités à s'adresser à MM. les maires des communes où le prêt a été effectué, auxquels il appartient d'en régler directement le montant aux prêteurs.

Il a été spécifié aux communes que si les ressources budgétaires ne permettaient pas de rembourser immédiatement les prêteurs, elles pouvaient solliciter une subvention ou avance dans les conditions prévues par la loi du 4 octobre 1919.

Mobilier scolaire.

Les locaux et matériel scolaires ont attiré également l'attention du Service tant au point de vue travaux, livraisons de matériel provisoire, que ceux définitifs pour la reprise des classes.

Du matériel définitif a été livré partiellement aux communes :

1º Par les soins du ministère des Régions libérées sur les stocks disponibles;

2º Directement par des fournisseurs auxquels des commandes ont été faites par la préfecture;

3º Par des dons;

4º Par des achats directs par des communes ayant demandé des avances en espèces.

Le service des S. T. E. a confectionné d'après nos ordres une grande quantité de matériel scolaire provisoire.

Le matériel reçu tant par les soins du ministère que par les fournisseurs auxquels les demandes ont été passées se décompose à ce jour comme suit :

ARRONDISSEMENTS	TABLES-BANCS à 2 PLACES	CHAIRES de MAITRES ou tables-bureaux	TABLEAUX NOIRS	BIBLIO-THÈQUES
Laon	2.517	124	281	56
Saint-Quentin	2.312	67	24	»
Vervins	3.652	100	90	50
Soissons.	901	42	100	»
Château-Thierry	677	21	100	»
Soit pour l'ensemble du département.	10.059	354	595	106

Ces divers objets ont été livrés aux communes au fur et à mesure des réceptions et donnent lieu actuellement à des répartitions établies par les soins de MM. les inspecteurs primaires.

Toutes les dispositions ont été prises pour satisfaire aux besoins des écoles avant la rentrée des classes d'octobre.

Statistiques.

Chaque mois il a été adressé à toutes les communes du département une situation afin de connaître aussi approximativement que possible le chiffre de la population existante, en tenant compte de la réintégration.

Celle du 1er août fait ressortir le nombre de 395.271 habitants, soit une différence en plus de 21.893 habitants depuis le 1er avril dernier.

La statistique concernant la reconstitution est également établie chaque mois, elle mentionne les avances en espèces de toute nature, le nombre de baraques nécessaires, le nombre d'écoles ouvertes, les hectares de terre cultivés, etc.

Ces deux statistiques ont été régulièrement adressées à M. le ministre des Régions libérées.

D'autre part, le Service de la Vie locale a été appelé à connaître des besoins du département en matériel de mairie, en raison des difficultés éprouvées par certaines communes à se le procurer dans le commerce.

Un relevé de ces besoins a, sur sa demande, été communiqué à M. le ministre des Régions libérées, qui nous a prié de nous concerter avec le Service des Matériaux, en vue de donner, si possible, satisfaction aux demandes des municipalités.

CHAPITRE VI

LE SERVICE DE LA COORDINATION DES SECOURS

Le Service de la Coordination des Secours comprend :

1º Le Service des Dons en nature aux personnes sans ressources du département;

2º Le Service des Secours temporaires;

3º Le Service des Allocations aux réfugiés;

4º Le Service de la Réintégration des réfugiés;

5º Le Service des Allocations aux prisonniers civils.

Dons en nature.

Ce service a commencé à fonctionner pendant la guerre à Château-Thierry; il avait à ce moment pour but de venir en aide aux personnes qui s'éloignaient du front, sans ressources, et aux réfugiés habitant l'arrondissement de Château-Thierry.

Dans le courant de 1918, il a donné, au fur et à mesure de l'avance de nos troupes, des vêtements, du linge et des chaussures, et, autant qu'il a pu, des objets de couchage aux personnes demeurées dans les communes libérées et qu'il y avait lieu de secourir.

Ce service s'est accru lors de la libération totale du département; un certain nombre de postes de secours ont été créés avec la collaboration des œuvres de secours aux blessés militaires et des comités régionaux qui se sont chargés de venir en aide aux habitants nécessiteux de leur secteur au moyen de leurs ressources propres, des fournitures mises à leur disposition par la Croix-Rouge américaine et aussi, pour une grande part, des fournitures qu'ils ont reçues du vestiaire de la préfecture.

Celui-ci a été alimenté par des achats effectués directement par mes soins, par des envois faits par le Service de Santé militaire et aussi par ceux provenant du ministère des Régions libérées.

Là où des œuvres de secours n'existaient pas, les communes ont été aidées par des envois directs aux maires par les soins de la préfecture.

On peut dire que tous les nécessiteux ont profité de ces dons et qu'ils en profitent encore puisque le Service fonctionne toujours.

Des dons en nature sont encore effectués aux personnes nécessiteuses rentrant actuellement dans leur domicile d'avant-guerre.

Les œuvres de secours qui s'étaient partagé les secteurs détruits du département ferment, pour la plupart, leurs permanences, considérant leur œuvre comme terminée. Néanmoins, en raison des rentrées qui s'effectueront encore, il y a lieu de remplacer ces permanences par des postes de secours tenus par des infirmières des Régions libérées. Un certain nombre de ces postes existent déjà, d'autres encore seront établis au fur et à mesure des besoins.

Secours temporaires.

Ce service, institué par la circulaire ministérielle du 9 juillet 1917, a eu pour but de venir en aide au moyen de secours en argent aux personnes privées de ressources des régions libérées qui ne pouvaient bénéficier de l'allocation aux réfugiés ou de l'allocation militaire.

Il a commencé à fonctionner au début de 1918 dans l'arrondissement de Château-Thierry. Peu nombreux au début étaient les bénéficiaires, mais leur nombre s'est considérablement accru après la libération du territoire, puisqu'il est passé de 4.531 allocations et majorations en janvier 1919 à 34.125 en mai 1919.

Depuis le 1er mai 1920, des instructions nouvelles ont été appliquées, qui ont assez considérablement restreint le nombre des bénéficiaires des secours temporaires. Des certificats de salaire doivent être présentés pour toutes les personnes en âge de travailler; d'autre part, les artisans de toutes catégories ayant repris l'exercice de leur commerce ou de leur profession d'avant-guerre, les cultivateurs, pour la plupart, ne peuvent plus être admis aux secours temporaires.

Il en résulte que le nombre des bénéficiaires de secours, qui était au mois d'avril 1920 de 60.000 environ, n'est plus maintenant que de 15.000 en nombre rond, soit une réduction des trois quarts.

C'est également ce service qui est chargé :

1º Du paiement du secours de réintégration de 20 francs par tête accordé aux personnes évacuées réintégrées dans leur domicile d'avant-guerre ou dans une commune très voisine; ce secours a été payé jusqu'ici à 172.601 personnes, représentant une dépense de 3.452.020 francs;

2° Du paiement du rappel de l'allocation aux réfugiés pendant la durée de leur évacuation en régions occupées (Application de la circulaire du 21 juillet 1919).

A l'heure actuelle, 25.000 dossiers nous sont parvenus, dont 500 environ ont dû être retournés dans les mairies pour complément d'instruction.

C'est un travail considérable, auquel il n'a pas été possible de donner son plein essor en raison de l'obligation dans laquelle on se trouve de payer en même temps les allocations des mois en cours.

A ce jour, 8.300 dossiers ont été réglés, représentant ensemble une dépense totale de 2.217.026ᶠ 16 (rappel de quatre mois, le reste dû formant un capital réservé qui ne sera payé qu'après que les bénéficiaires auront cessé d'avoir droit aux secours actuels, quels qu'ils soient).

Allocations aux réfugiés.

Ce service avait pour but la continuation du paiement de l'allocation aux personnes réfugiées à l'intérieur ayant perçu l'allocation et rentrées dans leur commune d'origine, et le paiement de l'allocation aux personnes encore réfugiées.

Ce service fonctionne depuis la fin de l'année 1914; il a pris, lui aussi, une extension considérable, au fur et à mesure de la rentrée des réfugiés dans leurs foyers d'avant-guerre.

Le nombre des bénéficiaires est passé de 623 en septembre 1918 à 68.822 en décembre 1919.

La dépense pour l'exercice 1919 s'est chiffrée par environ 40 millions.

Réintégration des réfugiés.

Toutes les demandes de retour dans le département, ou plutôt dans leur commune d'origine, faites par les réfugiés, doivent passer par ce service, qui doit s'assurer que les intéressés ont bien un logement assuré dans leur commune de retour, et, dans l'affirmative, donner avis favorable au retour à la préfecture de refuge qui délivre les moyens de transport aux personnes.

Lorsque le transport nécessite un wagon pour le mobilier, les demandes sont comprises sur des programmes hebdomadaires; si malheureusement le nombre de wagons disponibles a été longtemps trop peu élevé et si les demandes sont restées souvent un temps toujours trop long à obtenir satisfaction, aujourd'hui les transports se sont beaucoup améliorés et toutes les demandes en retard ont pu recevoir satisfaction; celles qui parviennent actuellement reçoivent une solution immédiate.

Allocations aux prisonniers.

Ce bureau est chargé d'instruire les demandes faites par les personnes des régions libérées traitées par les Allemands comme des prisonniers civils et d'opérer le mandatement pour celles qui sont dans l'Aisne; les personnes encore réfugiées dans d'autres départements sont payées par les préfets de ces départements sur le vu d'un arrêté pris par le préfet du département d'origine.

Actuellement, toutes les demandes anciennes ont été solutionnées, et les mandatements opérés pour celles qui l'étaient favorablement.

La dépense atteint jusqu'ici 1.659.400 francs.

CHAPITRE VII

LE RAVITAILLEMENT

---

1. Le Ravitaillement civil. — 2. Le Service des Charbons. — 3. Le Bureau permanent des Céréales.

LE RAVITAILLEMENT CIVIL

Lors de la libération de l'arrondissement de Château-Thierry, en août 1918, le ravitaillement de la population civile fut assuré par les soins de la préfecture.

Les denrées, exclusivement fournies par la Chambre de Commerce de Saint-Quentin et de l'Aisne, étaient livrées directement aux communes et aux particuliers.

Dès octobre 1918, des envois de denrées alimentaires étaient effectués des magasins de Château-Thierry, par camions automobiles, à destination des communes récemment libérées (Laon, Saint-Quentin, Bohain), et c'est seulement dans la dernière quinzaine de novembre que le Service du Ravitaillement fut installé à Laon d'une façon effective.

La Chambre de Commerce de Saint-Quentin, représentée par M. Cagniard, fut chargée d'assurer l'approvisionnement des arrondissements de Soissons et Château-Thierry, la préfecture se réservant le soin de ravitailler les arrondissements nord du département.

A cet effet, un magasin général a été créé à Laon. Des centres ont été organisés pour la réception des denrées adressées au magasin général et la répartition aux communes suivant le nombre d'habitants et le taux de la ration.

Les denrées qui ont été fournies se sont élevées pour :

1º L'Intendance à. 14.453.792ᶠ98
auquel il y aura lieu d'ajouter des livraisons dont on attend encore les factures de cession;

2º La Chambre de Commerce de Saint-Quentin. . . 8.593.847 72

3º Divers fournisseurs. 2.950.794 90

TOTAL 25.998.435ᶠ60

Le ravitaillement servi par les soins de la préfecture a pris fin le 1er février 1919 et a été ensuite assuré dans les conditions normales par la Chambre de Commerce de Saint-Quentin pour les arrondissements de Soissons et Château-Thierry, et par le N. L. (ancien C. R. B.) dans les trois arrondissements nord du département.

Au 15 novembre, ces derniers organismes ayant cessé leurs opérations de ravitaillement, un office départemental des vivres a été créé afin de permettre la diffusion dans les campagnes, par le commerce de détail, des produits fournis par le ministère du Ravitaillement.

L'Office des Vivres a reçu pour mission de centraliser les demandes formulées par les coopératives, économats, délégués des centres de ravitaillement, grossistes ou autres négociants; de passer les commandes au sous-secrétariat du Ravitaillement, d'en surveiller l'expédition et de contrôler les prix de vente.

Tout en procédant au règlement des fournitures délivrées à Château-Thierry, le Service du Ravitaillement a établi les comptes des différents centres ravitaillés par le magasin général pendant la période de novembre à février. Des factures ont été adressées et des recouvrements ont été opérés.

L'examen des factures de l'Intendance, de la Chambre de Commerce s'est poursuivi pendant l'année 1919, et la liquidation des comptes a eu lieu au fur et à mesure que parvenaient les renseignements complémentaires. Plusieurs recherches faites en vue de connaître des manquants, des provenances et des destinations qui restaient inconnues, ont nécessité une nombreuse correspondance pour la mise au point et la justification de la comptabilité.

Les mémoires et factures relatifs aux livraisons faites par la Chambre de Commerce et les divers fournisseurs sont actuellement réglés.

La majeure partie des factures des cessions consenties par l'Intendance a été prise en charge pour que le règlement puisse en être opéré par ordonnance de virement de comptes du ministère de la Guerre au ministère de l'Agriculture (Service du Ravitaillement).

L'apurement des comptes des centres et l'examen des factures de l'Intendance restant à prendre en charge se poursuivent normalement.

Depuis les premiers mois de l'année 1920, le Service du Ravitaillement a eu à traiter les questions suivantes :

1° Apurement des comptes des délégués des centres de ravitaillement;

2º Recouvrement des sommes dues, tant par les centres que par les particuliers;

3º Règlement de certaines factures aux fournisseurs particuliers;

4º Établissement des factures de l'Intendance;

5º Recherches en vue de connaître, d'une part, les unités expéditrices restées jusqu'ici inconnues pour certains envois, et, d'autre part, les intendances chargées de la liquidation des comptes;

6º Rentrée des emballages, renvoi aux fournisseurs et remboursement.

En vue de solutionner ces différentes questions, une correspondance nombreuse a été échangée et se poursuit activement.

A la suite des renseignements complémentaires qui ont été fournis par l'armée, la situation du Ravitaillement civil peut à ce jour être donnée ainsi qu'il suit :

Situation financière du Service.

Doit :		Avoir :	
Sommes mandatées à la Chambre de Commerce de Saint-Quentin.	8.630.298f 87	Recettes effectuées à la caisse du ravitaillement.	8.265.830f 69
Sommes mandatées aux fournisseurs.	3.088.654 83	Recettes effectuées à la caisse de M. le trésorier-payeur général.	9.095.248 28
Frais de transports, débours, fournitures de bureau, traitements, remboursement d'emballages, etc	137.572 08	Montant des sommes restant à recouvrer.	9.305.934 30
Montant des sommes dues à l'Intendance.	14.542.838 33	Inventaire matériel	1.232 50
Divers	44.000 »		
Solde créditeur à ce jour.	26.443.364f 11		
	224.881 66		
Balance.	26.668.245f 77		26.668.245f 77

Cette situation ne pourra être définitivement arrêtée qu'autant que le Service sera en complet accord avec les différents organismes militaires et la Chambre de Commerce.

Paiement du ravitaillement.

Ainsi qu'il résulte de l'exposé financier ci-dessus, il reste actuellement dû au Service du Ravitaillement la somme de 9.305 934ᶠ 30. Cette créance représente la valeur des denrées fournies aux habitants des arrondissements de Laon, Vervins et Saint-Quentin lors de la première période de réoccupation, denrées dont le montant n'a pu encore être recouvré.

La circulaire préfectorale du 24 septembre 1919, qui suspendait tout paiement, a été modifiée par celle du 3 août 1920, qui prévoit le recouvrement sur les bénéficiaires disposant actuellement de ressources suffisantes, à l'exception des indigents, c'est-à-dire de personnes inscrites au Bureau de Bienfaisance ou bénéficiant de l'Assistance aux familles nombreuses, aux vieillards, aux incurables, ainsi que celles jouissant de retraites ouvrières et dont les arrérages sont incessibles et insaisissables.

Sucre du ravitaillement.

Par arrêté du 16 août courant, M. le sous-secrétaire d'État du Ravitaillement a prescrit que, à dater du 1ᵉʳ septembre 1920, le sucre fourni par ses services ne serait plus réparti qu'aux catégories de rationnaires ci-après et à raison de 750 grammes par tête et par mois :

1º Enfants de moins de treize ans;

2º Vieillards de plus de soixante-cinq ans;

3º Malades, indigents et incurables indigents;

4º Militaires titulaires d'une pension de réforme, d'une gratification de réforme dont l'invalidité constatée est d'au moins de 50 %.

MM. les maires ont été immédiatement informés de ce nouveau régime et ont été priés d'en aviser les commerçants de leur commune afin que ceux-ci puissent prendre toutes dispositions pour s'approvisionner dans le commerce, en vue de satisfaire aux besoins de leur clientèle.

LE SERVICE DES CHARBONS

Le Service des Charbons dans l'Aisne a été institué dans le courant de l'année 1916. Au début de ce service, M. le préfet a demandé à la Chambre de Commerce de Saint-Quentin de faire des envois de combustible au département.

Ces envois ont été répartis entre les communes suivant leurs besoins. Dès le mois de juillet 1916, il a été décidé qu'un office départemental des charbons serait créé. Cet office a commencé à fonctionner en novembre 1916.

Les fournitures ont continué à se faire par l'intermédiaire de la Chambre de Commerce de Saint-Quentin, mais les opérations budgétaires ont été nettement séparées du budget départemental.

Un compte spécial, sous le titre « Service hors budget-Charbons », a été ouvert à la trésorerie générale de l'Aisne, le régisseur de l'Office étant chargé de suivre les opérations comptables.

Après la libération du département, l'Office a continué son fonctionnement jusqu'à la création du Groupement charbonnier, qui a commencé ses opérations au mois d'août 1919.

Le Groupement assume toutes les charges financières et procède à la répartition des combustibles.

Le préfet conserve le contrôle des répartitions et règle, d'accord avec ledit Groupement, toutes les conditions à appliquer pour la vente aux consommateurs.

Le préfet transmet au Groupement les instructions ministérielles relatives aux combustibles et en surveille l'exécution.

Le Service des cessions directes par la préfecture ayant pris fin, il reste maintenant à liquider la situation financière de l'Office. Son découvert vis-à-vis de la Chambre de Commerce s'élève à 900.000 francs en chiffres ronds ; par contre, il reste à recouvrer sur les divers créanciers une somme de 1 million de francs en chiffres ronds. Ces recouvrements sont particulièrement difficiles. Malgré les rappels de factures envoyés aux débiteurs, les rentrées s'effectuent fort lentement.

Aussi, lorsque des retards trop prolongés et non justifiés sont constatés, le recouvrement est-il confié à M. le trésorier-payeur général. Déjà un certain nombre d'ordres de versement ont été transmis à ce comptable ; les autres suivront pour tous les débiteurs qui mettent peu d'empressement à se libérer de leurs dettes.

Les réceptions de combustible.

Pendant les mois d'avril et mai, les réceptions de combustible dans le département ont été peu importantes en raison des événements survenus dans les exploitations minières.

Dès le mois de juin, la situation s'est sensiblement améliorée. Le contingent du mois a été réalisé très largement, et il en a été de même pour les mois suivants.

A partir de juin, ont commencé également les envois de charbon destinés aux battages et aux labourages à vapeur. Les fournitures ont été jusqu'ici expédiées avec la plus grande régularité. C'est ainsi que au 25 août, 6.700 tonnes de charbons avaient déjà été livrées pour ces besoins spéciaux. La réalisation de la récolte ne subira donc pas de retard par manque de combustible.

Liquidation des comptes.

La liquidation des comptes de l'Office des Charbons se poursuit activement. Depuis le mois d'avril, le montant des encaissements effectués directement par le régisseur s'élève à 243.385ᶠ 48.

Dans ce chiffre ne sont pas comprises les sommes recouvrées par M. le trésorier-payeur général pendant le deuxième trimestre 1920 sur ordres de versement émis par le Service.

Sur le montant des créances de la Chambre de Commerce de Saint-Quentin et de l'Aisne, il a été remboursé en deux mandats la somme de 591.987ᶠ 67 à l'aide du disponible et des recouvrements effectués.

BUREAU PERMANENT DES CÉRÉALES

Dans chaque office départemental des céréales institué par le décret du 31 juillet 1917, il a été formé, sous l'autorité du préfet, un bureau permanent des céréales (Décr. du 30 nov. 1917).

Le Bureau permanent est chargé d'assurer, suivant les instructions qu'il reçoit du ministère de l'Agriculture et du Ravitaillement, la répartition des céréales et farines achetées pour le compte de l'État.

En outre, il a compétence pour suppléer l'Office départemental dans ses attributions.

Par décret du 21 mars 1918, les décrets des 31 juillet et 30 novembre 1917 relatifs au régime et à la réquisition des céréales ainsi qu'au contrôle de la meunerie ont été modifiés.

Une circulaire du sous-secrétaire d'État du Ravitaillement, en date du 4 mai 1918, attira mon attention sur l'intérêt essentiel qui s'attache à ce qu'une liaison aussi étroite que possible existe entre le Service du Contrôle des stocks et celui chargé de la réalisation des céréales, en l'espèce le Bureau permanent.

Par décret du 24 octobre 1918, le Bureau permanent a été chargé de diriger et de surveiller l'acquisition, par voie de réquisition ou d'achat amiable, des céréales pour le compte de l'État et leur utilisation en vue de la consommation générale; une circulaire du 30 novembre suivant a donné les instructions nécessaires pour l'application de ce décret.

L'expérience acquise depuis la création des bureaux permanents a fait apparaître la nécessité de renforcer leur organisation, d'améliorer leur fonctionnement, de préciser leurs attributions.

L'Office des Céréales fut supprimé par l'article 8 du décret du 24 octobre 1918; le Bureau permanent devint alors le seul organisme ayant mission de faire procéder à la réalisation des grains, à leur attribution aux meuniers, à la répartition des farines, à la distribution des avoines (par circulaire en date du 3 mai 1919, le sous-secrétaire d'État du Ravitaillement a rendu la liberté au commerce et aux transactions portant sur l'avoine et le son. Ce n'est qu'à titre de secours que le Bureau permanent a été autorisé à procurer de l'avoine aux cultivateurs du département, et cela sans aucun engagement).

Le rôle du Bureau permanent a une haute portée morale; ayant pour but unique d'assurer la subsistance du pays, il doit faire comprendre à ses ressortissants la nécessité des mesures prises pour réglementer la consommation : par une sage administration des ressources existantes, il doit faire en sorte que le département ne manque jamais de pain.

Un conseil de direction présidé par le préfet a pour but, d'une part, de réaliser la cohésion entre cet organisme et les divers services chargés de compléter son action; d'autre part, de mettre le Conseil à même de recevoir les avis techniques, commerciaux ou administratifs qui peuvent lui être nécessaires.

Le Bureau permanent a fonctionné à Château-Thierry du 15 janvier 1918 au 29 mai 1918, jour de l'évacuation de cette ville. Les services et archives, transportés à Chartres, sont arrivés à Troyes en juillet 1918, ont été ramenés à Château-Thierry fin août de la même année, et enfin réintégrés à Laon le 6 décembre 1918.

Pour la récolte 1920.

Dans le but d'éviter les nombreux ennuis occasionnés la saison dernière par la fourniture de farines défectueuses en provenance des minoteries de l'intérieur et d'assurer aux populations de l'Aisne un pain de bonne qualité, le Bureau permanent s'est trouvé dans l'obligation d'instituer un nouveau régime, apte à donner satisfaction à tous et à supprimer les inconvénients révélés par une organisation qui s'était imposée en raison des circonstances.

Récolte 1919-1920.

En 1919, la récolte des céréales panifiables dans l'Aisne fut pour ainsi dire nulle. Elle fut de 360.000 quintaux dont une grande partie se révéla de mauvaise qualité; une autre partie dut être conservée pour les semences; il restait donc 100.000 quintaux pour la fabrication de la farine et de la panification.

Or, 65.000 quintaux étaient nécessaires mensuellement pour assurer le ravitaillement de la population. Le département fut donc tributaire de l'intérieur et de l'étranger pour 44.000 quintaux, les moulins de l'Aisne ne pouvant produire par mois que 21.000 quintaux.

Les livraisons défectueuses.

Les livraisons de l'intérieur se montrèrent défectueuses pour la plus grande partie. Le Bureau permanent n'avait pas le droit, en effet, de contrôler au départ du moulin les farines qui lui étaient adressées. De plus, les minotiers de l'intérieur avaient intérêt à ménager leur clientèle stable, alors que le département n'était qu'un client de passage. Enfin, il faut bien reconnaître que, malgré mes nombreuses réclamations accompagnées d'envois d'échantillons, malgré mes plaintes adressées au ministre directement, aucune sanction n'a jamais été prise. J'ai éprouvé, pour le ravitaillement du département en farine, les plus grosses difficultés.

Récolte 1920-1921.

Il était donc de toute urgence de remédier à cet état de choses essentiellement regrettable; trois résultats très importants étaient à obtenir :

1º Il fallait obtenir une fabrication uniforme;

2º Il fallait permettre aux agriculteurs privés d'abris pour leurs céréales de les livrer rapidement;

3º Il fallait enfin que ces agriculteurs soient payés dans le plus bref délai possible et qu'ils n'aient pas à attendre pour rentrer dans leurs fonds.

Ce résultat, j'ai pensé pouvoir l'obtenir par les mesures suivantes :

J'ai demandé au ministère que des minoteries des départements limitrophes, pour une production mensuelle de 36.400 quintaux, soient affectées au département. Ceci n'a pas été sans difficultés, mais je l'ai obtenu. Ces minoteries seront alimentées et contrôlées par les soins du Bureau permanent : nous obtiendrons ainsi une production mensuelle de 66.400 quintaux.

Conclusions.

Nous éviterons de cette manière d'être tributaires des départements de l'intérieur. Notre fabrication sera directement surveillée par nos soins, et les cultivateurs pourront écouler rapidement leurs céréales.

Les minotiers vendant leurs farines au comptant, les cultivateurs seront ainsi payés dans les moindres délais : ce sont là les résultats que j'attends de notre nouvelle organisation.

DEUXIÈME PARTIE

LES SERVICES TECHNIQUES

CHAPITRE I

LE SERVICE DU PERSONNEL
ET DE LA MAIN-D'ŒUVRE

L'on conçoit aisément que l'importance des divers services de
reconstitution nécessitait un organe unique, devant assurer le recrutement et la répartition du personnel et de la main-d'œuvre employés
dans le département. Cet organe de répartition et, pour ainsi dire,
de contrôle a été créé en exécution du décret du 6 août 1919. C'est
le Service du Personnel et de la Main-d'œuvre que j'ai rattaché directement à mon cabinet.

Ses attributions.

Il veille notamment à l'application de la circulaire ministérielle
du 7 octobre 1919 et du décret du 16 juin 1920 fixant la répartition
des divers agents dans les groupes et l'échelle de leurs émoluments.
Il établit pour tous les services l'unification des salaires du personnel
et réglemente le taux et la quotité des heures supplémentaires, pour
éviter les abus et les différences de rémunération d'un service à l'autre.
Son action s'exerce directement auprès des chefs départementaux des
divers services desquels il reçoit périodiquement les demandes de personnel pour combler les vacances, les demandes concernant les mu-
tations d'un service à un autre, les propositions d'avancement ou de
sanctions disciplinaires depuis le blâme et l'avertissement jusqu'à
la révocation. Il prépare les arrêtés de nomination ou de licenciement
qui doivent être soumis à la signature du préfet et ceux qui doivent
être envoyés à la signature du ministre.

Le Service de la Main-d'œuvre instruit ou fait instruire les affaires
donnant lieu à enquête au sujet de la conduite des agents de tous
ordres, tant en ce qui concerne leur moralité que leur attitude dans leurs
rapports avec la population et leur manière de servir lorsqu'elle don-

nerait lieu à des plaintes justifiées; afin d'exercer tout le contrôle désirable, il tient un répertoire général de tout le personnel avec les indications concernant l'état civil et la situation détaillée de chaque agent complétée par une appréciation du chef de service sur la valeur de chacun. Ces renseignements lui sont fournis d'après les fiches individuelles qui doivent être établies et tenues à jour par chaque chef de service départemental.

En ce qui concerne la main-d'œuvre, le Service départemental, en liaison avec l'Office de Placement pour les ouvriers français d'une part, et avec le ministère des Régions libérées pour la main-d'œuvre étrangère d'autre part, en vue d'assurer le recrutement de ces deux catégories d'ouvriers, reçoit les demandes de main-d'œuvre émanant soit des particuliers (agriculteurs ou chefs d'entreprises), soit des syndicats patronaux de ces deux branches d'activité, soit des entrepreneurs titulaires de marchés avec l'État ou les coopératives, soit enfin des divers chefs de service départementaux employant des ouvriers (S. T. E., Voie de 0,60, Transports généraux, Ponts et Chaussées, Reconstitution agricole, Service militaire de l'État civil, Service du Désobusage, etc...).

Il assure la stricte application, partout et dans tous les services, du bordereau des salaires adopté pour les ouvriers français par la Commission administrative. En cas de litige, réclamations ou contestations quelconques entre employeurs et employés, il est chargé de recevoir les doléances des intéressés syndiqués ou non syndiqués, d'en examiner le bien-fondé et de soumettre le résultat de son étude au préfet qui décide chaque fois que le conflit n'aura pu être apaisé par l'intervention du chef départemental de la main-d'œuvre.

Pour ce qui regarde les ouvriers étrangers, il est chargé d'assurer par des convoyeurs la conduite aux frontières françaises, pendant le voyage de ces points jusqu'aux centres de réception du département de l'Aisne.

Il veille à l'installation et à l'aménagement des camps de réception et de triage des étrangers ainsi convoyés et assure leur répartition dans les divers chantiers suivant les besoins qui lui sont signalés. Il veille à l'exécution des contrats de travail des ouvriers étrangers tels qu'ils sont établis par le ministère du Travail. Enfin, le Service départemental du Personnel et de la Main-d'œuvre est chargé d'assurer le ravitaillement en subsistances des ouvriers français dépaysés et des ouvriers étrangers employés dans les services de reconstitution. Il dispose dans ce but des agents d'approvisionnement de secteurs et de districts et aussi de l'organisation actuelle des gérances d'annexe dont le personnel militaire a été depuis le 1er janvier dernier remplacé par des agents et des manutentionnaires appartenant aux Services de Reconstitution des régions libérées.

Son œuvre.

Depuis sa création, le Service de la Main-d'œuvre a eu à préparer et assurer tout d'abord le remplacement des 47.000 prisonniers de guerre employés à des travaux de toute sorte. Il n'a pu être question de remplacer nombre pour nombre les prisonniers libérés, d'abord parce que les crédits étant diminués, l'importance des travaux devait s'en ressentir et d'autant plus que toute main-d'œuvre nationale ou étrangère était forcément beaucoup plus onéreuse pour les finances de l'État que le travail des prisonniers de guerre qui ne touchaient que de très faibles primes d'encouragement.

Néanmoins, 10.000 ouvriers étrangers avaient été prévus pour l'année 1920. Le Service de Recrutement de la main-d'œuvre étrangère du ministère ne put en fournir que 2.500, mais dès le printemps, au moment où les travaux auraient pu être poussés plus activement, la suppression du travail en régie fut décidée. Les 2.500 étrangers purent en conséquence fournir un appoint suffisant aux 25.000 ouvriers français travaillant dans le département, pour ce qui restait de travaux à terminer.

Au fur et à mesure de la liquidation des travaux d'État, les ouvriers sont licenciés et passent à l'entreprise privée. A l'heure actuelle, le total restant à la disposition de la liquidation des S. T. E. ne dépasse pas 9.500 et tous sont des Français. Le Service des Transports généraux (automobile, hippomobile, voie de 0,60) emploie environ 2.500 ouvriers, le Service des Ponts et Chaussées, 2.300 (pour la réfection des routes et des canaux). Les ouvriers étrangers ne sont plus employés au S. T. E.; le petit nombre de ceux qui restent encore dans le département est occupé aux travaux du désobusage, à la manutention des munitions récupérées (300) et au Service de l'État civil (1.500). Ce dernier service est dirigé entièrement par l'autorité militaire.

La main-d'œuvre agricole.

A l'approche des récoltes, l'on a pu s'inquiéter des conditions difficiles dans lesquelles celles-ci allaient s'effectuer en raison du manque de main-d'œuvre dans le département. Le Service du Personnel a donc dû s'occuper activement de fournir aux cultivateurs la main-d'œuvre dont ils manquaient.

Il y est parvenu en mettant à leur disposition :

1º Les manutentionnaires et des artificiers employés au désobusage et au transport des munitions diverses;

2º Tous les véhicules du service hippomobile aptes aux usages agricoles, avec les chevaux et les conducteurs nécessaires à leur emploi;

3º Un contingent de 1.200 militaires que j'obtins du ministère de la Guerre et provenant, soit des régiments de la région, soit du gouvernement militaire de Paris.

Il convient d'ajouter qu'aucun ouvrier agricole n'avait été conservé dans le S. T. E. et que, dès la fin de l'hiver 1919-1920, tous avaient été congédiés dans tous les services et rendus aux travaux des champs.

Grâce à ces dispositions, toutes les demandes de cultivateurs purent être satisfaites, et l'on put même noter à un certain moment un léger excédent de main-d'œuvre qui ne tarda pas d'ailleurs, dans la suite, à trouver son emploi.

Telles sont les principales opérations du Personnel et de la Main-d'œuvre depuis un an, en dehors des travaux journaliers tels qu'ils ont été exposés précédemment.

CHAPITRE II

LES MATÉRIAUX

1. *Le Service des Matériaux.* — 2. *Le Conseil départemental des Matériaux.*

SERVICE DES MATÉRIAUX

Le Service de Reconstitution a commencé son œuvre dans l'extrême sud du département, au cours de la période comprise entre le mois de mars 1917, premier recul des armées allemandes, et la fin du mois de mars 1918, époque de la nouvelle avance de ces armées.

Quelques approvisionnements de matériaux faits durant cette période furent pris ou détruits par les Allemands, et la reconstitution ne put reprendre son cours qu'après le second et définitif recul des premiers jours d'août 1918. Dès la fin de ce même mois des abris provisoires parvenaient à Château-Thierry.

A cette époque, le Service technique de la Reconstitution faisait partie du ministère du Blocus et des Régions libérées et comprenait tous les services de reconstitution placés sous la direction du colonel Suquet, à Paris.

Les Services de Réparation d'immeubles et de Répartition des matériaux étaient dirigés dans le département par l'ingénieur en chef des Ponts et Chaussées, agissant sous le couvert de l'autorité préfectorale.

Un arrêté interministériel, en date du 13 décembre 1918, créa au ministère des Régions libérées le Service des Travaux de première urgence (T. P. U.) qui avait pour objet de faire exécuter tous les travaux de reconstitution, mais les services d'approvisionnement et de répartition des matériaux restaient sous la direction des ingénieurs en chef des Ponts et Chaussées.

C'est donc à ce moment qu'a pris naissance le Service des Matériaux proprement dit.

Fonctionnement du Service.

Le Service des Matériaux était dirigé par le Service du ministère des Régions libérées à Paris et les services départementaux continuaient à fonctionner sous la direction des ingénieurs en chef des Ponts et Chaussées qui employaient l'organisation existante du ministère des Travaux publics et du Service vicinal dans les arrondissements et cantons. Les agents de ces services avaient, sous leurs ordres, des gérants de magasins qui assuraient la gestion des stations-magasins.

Cette situation se prolongea jusqu'à l'apparition du décret du 6 août 1919 qui assura l'unité de direction dans les services dépendant du ministère des Régions libérées en instituant le préfet, chef unique des services de reconstitution.

L'organisation nouvelle créée par ce décret provoqua la fusion des stations-magasins et des stockages des secteurs et districts que l'ancien Service des Travaux de première urgence avait formés au moyen des matériaux cédés par le Service des Matériaux pour les besoins de l'exécution des travaux, et la gérance des stations-magasins et stockages fusionnés fut confiée au nouveau service d'exécution des travaux pris en charge par l'État et sous l'autorité d'un chef de service départemental des matériaux.

Six stations-magasins avaient tout d'abord été établies dans le département, de mai à septembre 1918 : à Nogent-l'Artaud, à Château-Thierry, à Varennes-Jaulgonne, à Fère-en-Tardenois, à Oulchy-le-Château et à La Ferté-Milon.

Afin de pourvoir aux besoins de la reconstitution, l'installation de nouvelles stations-magasins a continué et, fin août 1919, le nombre des stations, dans le département, s'élevait à 30, réparties comme suit :

Secteur de Laon. — Laon, Chailvet, Blérancourt, Chauny, La Fère, Dercy, Mortiers, Marle, Liesse, Montcornet, Saint-Erme et Rozoy-sur-Serre.

Secteur de Saint-Quentin—Vervins. — Saint-Quentin, Flavy-le-Martel, Bohain, Sains-Richaumont, Wassigny, Vervins, La Capelle, Hirson et Le Nouvion.

Secteur de Soissons. — Soissons, Braine et Vic-sur-Aisne.

Secteur d'Oulchy-le-Château. — Château-Thierry, Varennes-Jaulgonne, Fère-en-Tardenois, Neuilly-Saint-Front, Oulchy et Villers-Cotterêts.

A partir de septembre 1919, lors de l'organisation des Services techniques, les stations-magasins étaient réparties comme suit :

Secteur de Laon. — Laon, Anizy, Goucy-le-Château, La Fère, Dercy, Mortiers, Marle, Liesse, Montcornet et Amifontaine.

Secteur de Saint-Quentin—Vervins. — Saint-Quentin, Origny-

Sainte-Benoîte, Bohain, Flavy-le-Martel, Moy, Sains-Richaumont, Vermand, Vervins, Wassigny et Le Nouvion.

Secteur de Soissons. — Soissons, Braine et Vic-sur-Aisne.

Secteur d'Oulchy-le-Château. — Château-Thierry, Varennes-Jaulgonne, Fère-en-Tardenois, Neuilly-Saint-Front, Oulchy-le-Château, Villers-Cotterêts et Coincy.

A ce jour, sans changer le nombre des stations-magasins, les modifications ci-après ont été apportées :

Secteur de Laon. — Station créée à Beaurieux.

Secteur de Saint-Quentin et Vervins. — Stations supprimées : Wassigny et Le Nouvion. Station créée : Étreux.

Secteur de Soissons. — Station supprimée : Vic-sur-Aisne. Stations créées : Vailly et Ambleny.

Secteur d'Oulchy-le-Château. — Station supprimée : Coincy.

La plupart des stations-magasins sont situées à proximité des quais de déchargement des gares, ou y sont reliées, soit par un embranchement spécial aux lignes de chemins de fer à voie normale ou voie métrique, au moyen des raccordements établis pour les besoins de la guerre ou par voie spéciale de 0,60.

Certaines, celles de Saint-Quentin, Origny, Moy, Étreux, Ambleny, La Fère, Chauny, Château-Thierry et Varennes-Jaulgonne sont à proximité de voies d'eau ou reliées à elles par une voie de 0,60.

La superficie totale qu'occupent les stations-magasins est de 51 hectares environ dont 2 hectares de surface couverte.

Le personnel chargé du service d'une station-magasin se compose : d'un gérant qui effectue les opérations comptables que nécessitent les divers mouvements des matériaux. Les pièces comptables de ces opérations sont transmises au bureau central du chef de service départemental à la Direction générale.

Le gérant de magasin est aidé, pour le travail du bureau, d'un comptable et d'un ou deux secrétaires, selon l'importance de la station, d'un surveillant et d'ouvriers à la journée, pour la réception, le déchargement des trains ou bateaux, la manutention et la délivrance des matériaux aux sinistrés.

En outre de la comptabilité qui comporte l'inscription des mouvements des matériaux au « Journal » et au « Grand-Livre », il établit les factures de cessions faites aux sinistrés ou aux services de reconstitution. Les factures des sinistrés accompagnées d'une fiche d'état civil pour chaque intéressé sont centralisées au bureau du chef de

Service des Matériaux qui procède à leur vérification, à l'établissement des fiches et des bordereaux de transmission au Service du Contrôle financier.

Le nombre des factures (n° 4) des cessions faites aux sinistrés à valoir sur leurs dommages de guerre, établies à ce jour, s'élève à 30.000 environ, dont 20.423 ont été notifiées au Contrôle financier et s'élèvent à 6.291.935 francs, répartis comme suit :

<pre>
Exercice 1918 : 265 factures montant à. . .   7.224ᶠ »
Exercice 1919 : 13.968 factures montant à. 3.409.748 »
Exercice 1920 : 6.190 factures montant à . 2.874.963 »
</pre>

Les notifications des cessions sur les exercices 1919 et 1920 ne sont pas encore terminées.

Jusqu'à ce jour, le Service des Matériaux fonctionne administrativement comme tous les autres services rattachés à la Direction générale des Services techniques.

Cette situation semble devoir être changée à brève échéance. Il est prévu que toutes les stations-magasins devront être progressivement abandonnées par l'État et remises à des groupements collectifs.

Les Services départementaux étudieront, par contre, s'il n'existe pas, dans leurs départements, deux ou trois centres importants devant servir éventuellement de dépôts régulateurs à l'entrée du département, et pour lesquels le rôle de l'État devra se prolonger pendant quelques mois.

Toute opération de liquidation, qu'il s'agisse de matériaux, de meubles ou d'installation provenant des S. T. E., pourrait être surveillée par un comité départemental dont la composition est réservée.

Cette nouvelle organisation est actuellement soumise à M. le ministre des Régions libérées.

LE CONSEIL DÉPARTEMENTAL DES MATÉRIAUX

L'on sait que, par décret du 4 mai 1920, il a été créé, à Paris, un Conseil supérieur des Matériaux, de la Main-d'œuvre et des Transports, présidé par M. Ogier, ministre des Régions libérées. A M. Claveille, sénateur, ancien ministre des Travaux publics, est échue la vice-présidence.

Ce Conseil supérieur a, dans ses attributions, la production, l'utilisation et le transport des matériaux dans les régions libérées, ainsi que le recrutement, la répartition et l'organisation de la main-d'œuvre nécessaire aux reconstructions. Mais il est bien évident qu'une semblable organisation, pour porter tous ses fruits, doit vivre dans une collaboration intime, constante avec les régions intéressées. C'est dans ce but qu'a été créé, dans chaque département sinistré, le Comité départemental des Matériaux, dont le rôle est de fournir au Conseil supérieur, sur sa demande et suivant ses directives, toutes indications nécessaires sur les ressources locales en matériaux et en main-d'œuvre, en mentionnant notamment les usines et entreprises de matériaux de construction à créer ou à développer.

La composition du Conseil départemental des Matériaux de l'Aisne a été ainsi arrêtée :

Le préfet, *président;*

M. Perrier, *vice-président;*

M. Ermant, sénateur;

M. Demarolle, conseiller général;

M. Collin, architecte départemental;

M. Maudens, entrepreneur à Hirson;

M. Brenehant, président de la Coopérative de Reconstruction de Pommiers.

M. Abraham, inspecteur principal à la Compagnie du Nord.

M. Nanquette, maire de Laon, membre de la Chambre de Commerce de Saint-Quentin.

De plus, les chefs des divers services de reconstitution ont voix consultative.

CHAPITRE III

LE SERVICE DES PONTS ET CHAUSSÉES

Lorsque les services de l'ingénieur en chef des Ponts et Chaussées furent réorganisés, soit au début de janvier 1919, ils furent successivement chargés d'assurer :

1º La réfection — en l'état où elles se trouvaient au 2 août 1914 — des chaussées empierrées et pavées des routes et chemins de toutes catégories du département ;

2º Le rétablissement, à titre provisoire et définitif, des nombreux ouvrages d'art détruits par les armées belligérantes ;

3º La remise en état des voies ferrées d'intérêt local ;

4º Le service des matériaux approvisionnés par l'État pour les besoins de la reconstruction des habitations ;

5º Le déblaiement des cours d'eau non navigables ;

6º La réfection — au titre de conseiller technique et de contrôle financier — des distributions d'eau communales détruites ;

7º Le contrôle de la remise en état des distributions d'énergie électrique antérieures et de la construction des lignes nouvelles.

La réfection du réseau routier.

Les reconnaissances entreprises dans les deux premiers mois de 1919 et continuées depuis ont permis d'établir :

1º Que, sur les 10.350 kilomètres de routes et chemins qui sillonnaient le département et qui étaient en très bon état avant la guerre, 6.391 (1) d'entre eux étaient à réparer ou à recharger entièrement, ou même — comme le Chemin des Dames et quelques vicinaux ordinaires et ruraux de la zone de feu — à reconstruire complètement ;

---

(1) Routes nationales. 480 kilomètres.
Chemins de grande communication. . . . .) . . . . 1.650 —
Chemins d'intérêt commun . . . . 1.359 —
Vicinaux ordinaires. . . . . 2.227 —
Ruraux. . . . . 675 —

TOTAL . . . . 6.391 kilomètres.

2º Que ces travaux de remise en état nécessiteraient la mise en œuvre d'au moins 1.650.000 tonnes de pierres cassées et occasionneraient une dépense évaluée alors à 50 millions de francs et qui atteindra sans doute 75 millions de francs.

Conformément aux instructions de l'Administration supérieure, les travaux de réfection du réseau routier furent divisés en quatorze lots comprenant chacun les chemins de toutes catégories de deux ou trois cantons administratifs. Des marchés furent passés, tant par adjudication que de gré à gré, au cours du deuxième trimestre 1919, et les entrepreneurs furent invités à mener les travaux avec toute la célérité possible.

Bien que plus d'une année se soit écoulée depuis l'envoi des ordres d'exécution, les résultats obtenus sont de peu d'importance.

665 kilomètres (1) seulement ont pu être remis définitivement en état;

4.512 kilomètres ont pu, au moyen d'emplois, être maintenus à l'état de bonne viabilité sans qu'il soit possible de les remettre en l'état d'avant-guerre.

Ceci tient à ce que :

1º La plupart des entrepreneurs soumissionnaires de ces travaux n'ont rien ou presque rien fait, et l'on a dû proposer la résiliation de leurs marchés pour s'adresser à des concurrents plus capables et plus sérieux;

2º La crise des transports a privé des matériaux que l'Administration supérieure s'était engagée à nous expédier des carrières de l'intérieur;

3º L'on n'a pu faire venir aucun macadam de Belgique.

Pour remédier à cette déplorable situation, il a donc fallu faire un large appel aux ressources locales : un certain nombre de carrières de bon calcaire ont été remises en exploitation à Bassoles, Saint-Nicolas, Bourg-et-Comin, Œuilly et dans les arrondissements de Soissons et de Château-Thierry; la carrière de Trosly a été munie d'un équipement mécanique moderne et puissant et elle donnera, chaque jour, d'ici le 1er octobre, 300 mètres cubes de pierre brute dont l'on fera casser la plus grande partie au moyen d'une batterie de concasseurs, dont l'installation est en cours.

L'on a dû, pour les mêmes raisons, remettre en exploitation les carrières de pavés de grès des environs de Neuilly-Saint-Front.

	R. N.	G. C.	I. C.	V. O.	Ruraux	Total.
(1) Longueur remise en état .	61	156	148	246	54	665 kilomètres.

Ouvrages d'art.

Au cours des opérations militaires, les belligérants ont détruit 816 ouvrages d'art dans le département.

A l'armistice, les armées alliées avaient pourvu 473 passages, d'ouvrages provisoires, dont quelques-uns ont déjà dû être reconstruits par nos soins.

Au total, ce service a fait procéder, jusqu'au 1er août, à l'établissement de :

   329 ponts provisoires;

    45 ponts semi-provisoires en métal;

    57 ouvrages définitifs.

Le déblaiement des cours d'eau.

Après les hostilités, les cours d'eau ont été retrouvés dans un état d'encombrement tel, que l'écoulement des eaux y était difficile sinon impossible.

Cet encombrement était dû, d'une part, à la suspension de tous curages et faucardement pendant la guerre, d'autre part, aux travaux importants exécutés par l'ennemi dans le lit des cours d'eau pour en remonter le niveau et en provoquer le débordement et, enfin, aux débris des ouvrages d'art de toutes catégories détruits et reconstruits à chaque changement de front.

Le déblaiement, le curage et le faucardement ont été entrepris au début de l'été 1919 et ces travaux ont été favorisés l'an dernier par une sécheresse exceptionnelle.

Les dépenses exécutées à ce titre ont atteint le chiffre de 2 millions et les résultats atteints ont été très satisfaisants.

Les travaux ont été continués cette année, mais les pluies continuelles ont maintenu les eaux à un niveau tel qu'il n'a guère été possible d'obtenir une sérieuse amélioration de la situation.

Les distributions d'eau.

Avant la guerre on comptait 250 distributions d'eau communales dans le département.

150 d'entre elles ont été plus ou moins gravement endommagées au cours des hostilités.

A l'heure actuelle, 41 ont été définitivement remises en état, malgré les difficultés éprouvées pour assurer l'approvisionnement et le transport des machines et de la tuyauterie.

Distributions d'énergie électrique.

En se retirant, l'ennemi a systématiquement détruit les usines de production et les réseaux de distribution d'énergie électrique de l'Aisne.

Dès l'armistice, le ministère des Travaux publics a prescrit de donner aux concessionnaires toutes facilités pour la reconstruction de leurs réseaux et il a fait procéder à l'établissement de lignes à haute tension qui constitueront un réseau d'État et qui relieront les grandes centrales du Nord et de l'Est.

Actuellement :

Sur 486 kilomètres de lignes H. T., 190 sont en état de fonctionnement;

Sur 237 kilomètres de lignes B. T., 170 sont en état de fonctionnement.

CHAPITRE IV

LE SERVICE DES TRAVAUX PRIS EN CHARGE PAR L'ÉTAT

Constitution du Service.

Le Service des Travaux de première urgence (T. P. U.), créé au ministère des Régions libérées par l'arrêté interministériel du 13 décembre 1918, relevait directement du commissaire général à la Reconstitution des régions libérées.

A la formation, ce service recevait les anciens éléments du Service des Travaux de l'Armement, conformément à l'arrêté interministériel précité.

Il avait pour objet de faire exécuter dans la zone des régions libérées :

1º La mise en culture immédiate des terres susceptibles d'être ensemencées ;

2º La mise en état du sol y compris le déblaiement des matériaux et la destruction ou le ramassage des projectiles qui n'auraient pas été enlevés par les soins de l'armée ;

3º Les réparations sommaires nécessaires pour protéger ou rendre provisoirement habitables les immeubles légèrement endommagés et les travaux d'édilité de première urgence que peut nécessiter le retour d'un premier groupe d'habitants ;

4º La construction de baraquements pour le logement de la main-d'œuvre ou éventuellement de la population ;

5º Le remaniement du réseau de voie de 0,60 et généralement toutes les mesures urgentes commandées par les circonstances.

Le service qualifié à ce moment S. T. P. U. R. L. ou plus fréquemment S. T. P. U. comprenait, dans chaque département, un chef de service départemental et, sur le territoire du département, un ou plusieurs secteurs de travaux.

Chaque secteur était subdivisé en districts de travaux comprenant un ou plusieurs cantons.

Le chef départemental devait assurer la liaison entre la direction centrale et les chefs de secteur ainsi qu'entre ceux-ci et les diverses autorités du département ou les états-majors de formations militaires (général commandant la région, préfet, ingénieur en chef des Ponts et Chaussées, directeur d'agriculture, architecte en chef, ingénieurs des Améliorations agricoles, états-majors des diverses unités stationnées dans le département).

L'organisation générale du département, après avoir compris un, puis deux, puis trois, puis quatre secteurs, se trouvait être en mai ainsi qu'il suit :

1º Un secteur à Laon : onze districts correspondant aux onze cantons de l'arrondissement;

2º Un secteur à Saint-Quentin : douze districts correspondant aux sept cantons de Saint-Quentin, un district spécial à Saint-Quentin-ville et quatre districts dans l'arrondissement de Vervins, savoir : Guise (Guise—Wassigny), La Capelle (Le Nouvion et La Capelle), Vervins (Sains-Richaumont et Vervins), Hirson (Hirson et Aubenton);

3º Un secteur à Soissons : cinq districts correspondant aux cantons de Soissons, Braine, Vailly, Vic-sur-Aisne et un district spécial de Soissons-ville;

4º Un secteur à Oulchy-le-Château : cinq districts correspondant aux cantons de Villers-Cotterêts, Oulchy-le-Château, Fère-en-Tardenois, Neuilly-Saint-Front et Château-Thierry, auquel étaient annexés les cantons de Charly et Condé-en-Brie.

Le personnel afférent était ainsi constitué :

1º *Par secteur :*

1 chef de secteur;
1 chef de secteur adjoint;
3 adjoints au chef de secteur;
1 chef de secrétariat;
1 sous-chef de secrétariat;
2 gérants (comptables principaux) de secteur;
2 adjoints aux gérants;
4 agents comptables (2 par gérance);
1 comptable (matières);
1 agent comptable adjoint;
1 agent d'approvisionnement;
5 secrétaires et 5 dactylos par 1.000 travailleurs pour l'ensemble du secteur.

2º *Par district* :

1 chef de district et 1 adjoint;
1 chef de canton agricole et 1 adjoint;
1 agent d'approvisionnement;
1 agent comptable (finances);
1   —   (matières);
1 dessinateur;
1 chef de chantier conduisant les travaux pour 300 travailleurs;
1 chef d'équipe pour 100 travailleurs;
1 surveillant de travaux pour 25 travailleurs;
1 pointeur pour 500 travailleurs.

Ces chiffres n'ont d'ailleurs jamais été atteints; en particulier :

1º Pour les secrétaires et dactylos, le total (79.000 travailleurs) pouvant être de 800, il n'a jamais atteint 500;

2º Pour les chefs de chantier, chefs d'équipe et surveillants, le total pouvait être :

Chefs de chantiers	260	
Chefs d'équipes.	790	4.210
Surveillants.	3.160	

Le total n'a jamais atteint 1.200.

La transformation du Service S. T. P. U. en S. T. E. n'a rien changé à l'organisation départementale qui s'est trouvée dépendre directement de la préfecture, au lieu de dépendre du ministère.

Au fur et à mesure de l'avancement de l'exécution des travaux d'État, des arrêtés préfectoraux sont intervenus qui ont supprimé quelques districts.

Puis, pour se conformer aux instructions en date du 6 février 1920 de M. le ministre des Régions libérées, instructions qui recommandaient de placer à la base de la hiérarchie un chef unique commun aux Services des Travaux, Matériaux et Architecture, un arrêté préfectoral, en date du 15 mai, a réorganisé ces services en divisant le département en cinq arrondissements, divisés eux-mêmes en subdivisions. Le nombre total de ces dernières était de trente-six.

Le décret du 16 juin 1920, qui a fixé à nouveau l'organisation des services départementaux, a rattaché aux services administratifs le Service d'Architecture et du Génie rural, et a entraîné la suppression des subdivisions.

On est donc revenu à l'organisation antérieure comprenant des secteurs et des districts de travaux et matériaux, avec cette restriction toutefois que le nombre des districts a été réduit.

Par contre, il a été créé quelques districts de liquidation de travaux et matériaux, qui seront chargés de poursuivre, jusqu'à l'achèvement, la liquidation des travaux engagés dans les districts supprimés.

L'organisation actuelle, résultant de l'arrêté préfectoral du 18 août 1920, comprend trois secteurs, dix-neuf districts de travaux et matériaux et cinq districts de liquidation de travaux et matériaux.

Cette organisation est la suivante :

1º *Un secteur à Laon*, comprenant sept districts de travaux et matériaux (Laon, La Fère, Chauny, Coucy-le-Château, Anizy-le-Château, Beaurieux) et un district de liquidation de travaux et matériaux (Laon-Nord-Est);

2º *Un secteur à Saint-Quentin*, comprenant huit districts de travaux et matériaux (Saint-Quentin-ville, Saint-Quentin-campagne, Bohain, Le Catelet, Vermand, Saint-Simon, Moy, Ribemont) et deux districts de liquidation de travaux et matériaux (Guise et Hirson);

3º *Un secteur à Soissons*, comprenant quatre districts de travaux et matériaux (Soissons-ville, Soissons-campagne, Vic-sur-Aisne, Vailly) et deux districts de liquidation de travaux et matériaux (Oulchy-le-Château et Château-Thierry).

Situation du pays au début de l'organisation.

Les troupes allemandes et françaises dans leur marche sur la frontière avaient abandonné tout ce qui leur était inutile et tout ce qu'elles ne pouvaient pas enlever sans entraver la rapidité de leur marche.

Dans le voisinage de l'ancien front étaient amoncelés des baraques, des obus, des dépôts de munitions, des voies de 0,60, le tout pêle-mêle, appartenant aux deux armées, sans qu'il soit bien souvent possible de spécifier quel était le véritable possesseur.

Plus loin était amoncelé du matériel de toute nature : bestiaux, chevaux, voitures, harnachements, vivres, charbon, etc., provenant des armées ou des particuliers auxquels ce matériel avait été volé, sans compter de nombreux baraquements servant d'abri au matériel ou au personnel allemands.

Tout le pays était sillonné de réseaux de fil de fer, de tranchées, de boyaux bétonnés, rendant le parcours difficile et les terres inutilisables.

Les routes étaient coupées par des explosions dans tous les carrefours; les ponts étaient rompus.

Les canaux étaient à sec, leurs terrassements bouleversés, les écluses démolies.

Pas de moyens de transports ou des moyens insignifiants.

A l'arrière, des dépôts appartenant aux armées françaises, dans lesquels on pouvait trouver quelques ressources.

Toutes les villes, tous les villages étaient en ruines, dans lesquels vivaient quelques rares habitants, et où il était impossible de loger les travailleurs.

Au moment de l'installation du Service, la IIIᵉ armée venait occuper les arrondissements de Saint-Quentin, Vervins et Laon, pendant que la Vᵉ occupait ceux de Château-Thierry et de Soissons.

On espéra beaucoup du retour de ces armées pour y trouver le personnel et les moyens de transports nécessaires à la mise en marche des travaux, mais, en raison de la démobilisation très rapide qui eut lieu à ce moment, les services d'états-majors et de troupes furent désorganisés à tel point que, malgré la bonne volonté de tous, les services rendus par l'armée furent presque insignifiants.

Manquant de cadres de surveillance pour le personnel, manquant de personnel pour les soins à donner aux animaux, les régiments ne purent fournir que des travailleurs mal conduits et généralement en nombre insuffisant. Logés n'importe où, sans surveillance, sans charbon pendant un mois d'hiver assez rigoureux, les soldats détériorèrent autour d'eux ce qui avait été laissé debout par l'ennemi.

Des embryons de service à demi démobilisés s'installèrent au hasard dans des locaux quelconques, sans que les états-majors désorganisés sachent où les retrouver pour les regrouper et procéder à leur dislocation régulière.

Au fur et à mesure de la mise en service des détachements, des questions de réorganisation militaire et de déplacement d'unités qui en étaient là conséquence rendaient illusoires les meilleures mesures prises en vue du rendement des chantiers.

Les démobilisations successives contribuèrent à accentuer la désorganisation.

Méthode de travail.

Si l'on avait pu opérer judicieusement, il n'y avait pas à hésiter; il aurait fallu choisir les points à remettre en état, y porter le personnel nécessaire et opérer en progressant du point de départ jusqu'à l'extrémité du territoire que l'on s'était proposé d'attaquer.

Dès le premier jour, il fut évident que cette méthode était inapplicable : tel sinistré étant rentré, il était de toute urgence de réparer sa maison avant celle de tel autre qui n'était pas là.

C'était déjà la dispersion du personnel un peu partout, par suite de l'impossibilité de la surveillance et la quasi-certitude d'un rendement médiocre.

Nombre de fois, les chefs de district ont cherché à s'adresser aux municipalités pour obtenir un ordre d'urgence dans les travaux; sauf de très rares exceptions, ils se sont heurtés à l'inertie la plus complète, inertie voulue, par crainte de responsabilités. Parfois le maire était absent, et, souvent au début, il n'y avait ni maire ni municipalité.

Un organisme qui avait été prévu par l'Administration centrale a fait défaut pendant de longs mois; et ce qui a été une des causes importantes des hésitations du début, c'est l'absence du délégué municipal qui devait remplacer les municipalités défaillantes.

N'ayant personne pour le renseigner utilement, le préfet était hors d'état de proposer un programme suivi et l'on n'a pu opérer que par à-coups. Au fur et à mesure que les réclamations se produisaient, le Service transportait ses chantiers d'un point à un autre et les semait de plus en plus, de façon à contenter le plus de monde possible à la fois. La conséquence a été un défaut de surveillance absolue et, en raison des chefs d'équipe médiocres dont on disposait, un rendement très faible.

Au début, aucun entrepreneur n'aurait accepté de s'installer dans ces régions dévastées à moins d'employer le système des marchés Claveille qui nous a valu la présence de 6.000 Chinois.

D'ailleurs, il fallait utiliser les P. G., et le seul moyen pratique était de procéder, pour le début du moins, par travaux en régie.

C'est ce qu'on fit tout d'abord, mais les chefs de secteur furent invités, dès le mois de juin, à utiliser le plus possible les travaux à l'entreprise, soit en concluant de gré à gré des marchés plus ou moins importants, soit en faisant appel à la concurrence par adjudication restreinte ou par adjudication publique.

Pour faciliter les opérations, les chefs de secteur furent autorisés à approuver des marchés jusqu'à 40.000 francs et les chefs départementaux jusqu'à 200.000 francs.

Ils étaient également invités à développer le tâcheronnage et la remise en état des locaux ou du sol, par les soins du propriétaire lui-même ; mais ce dernier moyen, qui a donné quelques résultats pour la remise en état des cultures dans la région de Château-Thierry, n'en a donné que très peu ailleurs, le propriétaire exigeant qu'on mette à sa disposition de la main-d'œuvre qui, le plus souvent, n'était pas disponible.

Le programme général de travail qui avait d'abord été quelconque pour les raisons que j'ai énumérées, a été un peu mieux précisé vers la fin de février. Il s'agissait, avant tout, de faciliter la mise en culture des terres en nettoyant le sol, le remettant, autant que possible, en état, au besoin, contribuant par des premiers labours à favoriser les efforts des cultivateurs.

Puis, vers le mois d'août, le manque d'abris s'étant particulièrement fait sentir pour la population qui rentrait, l'effort s'est porté surtout sur la construction des maisons provisoires en matériaux durs, concurremment avec l'édification des maisons en bois qui commençaient à arriver.

Les résultats obtenus depuis que l'entreprise s'est substituée à la régie sont-ils beaucoup meilleurs ?

Je crois qu'il ne peut pas y avoir de doute à cet égard ; il est certain que chaque entreprise constituant une petite administration sur laquelle l'œil du maître peut s'exercer directement, le rendement économique sera toujours supérieur à celui d'une grande administration (État ou autre), dont le rendement est d'autant plus faible qu'elle occupe un plus grand nombre d'ouvriers ou employés.

La suppression ou tout au moins la réduction considérable de la régie ne fait et n'a jamais fait de doute pour personne. Il doit en subsister ce qui est strictement nécessaire pour parer à des entreprises défaillantes ou entreprendre certains travaux trop peu importants pour être soumis à l'entreprise ou qui se trouvent dans des localités trop écartées pour que les entrepreneurs veuillent y pénétrer.

C'est à quoi ont tendu les Services T. P. U., au fur et à mesure de leur développement, et c'est l'œuvre que continuèrent leurs successeurs.

Le montant des marchés signés s'établit d'ailleurs ainsi qu'il suit :

1919 mars	. . . .	49.500ᶠ
— Avril	. . . .	344.400
— Mai	. . . .	318.400
	À reporter	712.300ᶠ

	Report	712.300ᶠ	
1919	Juin	334.500	
—	Juillet	236.300	
—	Août	13.816.000	Déblaiement de Saint-
—	Septembre.	35.814.000	Quentin et Soissons
—	Octobre.	8.900.000	(marchés Mercier).
—	Novembre.	6.700.000	
—	Décembre.	4.974.000	
1920	Janvier.	12.004.000	Moyenne des deux mois :
—	Février	1.784.700	7 millions.
—	Mars	9.258.000	
—	D'avril à août. . .	23.566.200	
		118.100.000ᶠ	

Développement de l'organisation.

Au milieu de janvier, fut désigné pour Laon un chef de secteur. Arrivé seul avec deux chefs de district, l'un à Braine, l'autre à Dizy-le-Gros, il commença à se mettre au courant de ce qu'il avait à faire en parcourant le pays, parant au plus pressé. Son secteur comprenait l'arrondissement de Laon et quatre cantons de l'arrondissement de Soissons. Vers la même date, fut désigné un chef de secteur à Oulchy-le-Château. Son secteur comprenait l'arrondissement de Soissons (Oulchy et Villers-Cotterêts). Dans les premiers jours de février, un chef de secteur fut installé à Saint-Quentin et prenait possession de son secteur qui comprenait les arrondissements de Saint-Quentin et Vervins.

En main-d'œuvre, en moyens de transport, en personnel dirigeant : rien — tout était à créer.

On escompta tout d'abord l'emploi de la main-d'œuvre militaire, mais les résultats obtenus furent presque nuls pour les raisons que j'ai données précédemment, et sans qu'on puisse en faire reproche à qui que ce soit. Bien que le personnel supérieur de l'armée ait mis à ce moment tous ses efforts pour nous aider, les circonstances ont annihilé les meilleures bonnes volontés. Cependant, quelques détachements isolés, en nous apportant les moyens de transport qui faisaient défaut, ont été pour nous une aide précieuse qu'il y a lieu de reconnaître.

L'effectif des travailleurs militaires, qui était de 1.800 environ au 1er avril 1919, s'est élevé à 2.200 en juin, pour descendre en septembre à 900 et disparaître complètement.

Toutefois, avec l'aide et avec l'appui de ces faibles éléments, le service s'organisait et se renforçait.

Le personnel dirigeant qui comprenait, avec les chefs de secteur, le 1er février :

> 5 agents pour 15 cantons du secteur de Laon,
> 1 agent pour 15 cantons du secteur de Saint-Quentin,
> 4 agents pour 7 cantons du secteur d'Oulchy-le-Château,

se trouvait disposer, au 1er avril, de :

> 26 agents au secteur de Laon,
> 35 agents au secteur de Saint-Quentin,
> 25 agents au secteur d'Oulchy-le-Château.

A ce moment, le secteur de Laon, qui comprenait les onze cantons de l'arrondissement de Laon et les quatre cantons les plus dévastés de l'arrondissement de Soissons, fut séparé en deux :

On créa le secteur de Laon, qui comprenait les onze cantons de l'arrondissement, et le secteur de Soissons, qui comprenait les cantons de Vailly, Braisne, Vic-sur-Aisne et Soissons.

Au 30 avril, le personnel dirigeant des quatre secteurs se trouvait être de :

> Secteur de Laon   37
>   —   de Saint-Quentin   46
>   —   de Soissons   8
>   —   d'Oulchy-le-Château   20

pour devenir, fin décembre 1919, respectivement de 36, 45, 28 et 15; c'est-à-dire qu'au 30 avril, sauf pour le secteur de Soissons qui venait d'être créé, le personnel était à peu près complet et commençait à fonctionner à plein, sous réserve des éliminations et des remplacements que pouvait comporter un choix forcément hâtif et plutôt difficile.

Le recrutement du personnel secondaire fut encore plus difficile, s'adressant à un plus grand nombre; et on peut dire que les résultats obtenus de ce côté ont toujours été des plus médiocres et ont beaucoup contribué au faible rendement obtenu par un certain nombre de chantiers.

Tous les efforts du ministère, des chefs de secteur, de leurs collaborateurs ont échoué en grande partie devant le peu de valeur du personnel disponible que l'on tentait de recruter sur place ou dans l'intérieur de la France.

Le problème était d'encadrer 78.000 travailleurs et le nombre des chefs de chantier, chefs d'équipe ou surveillants, qui a atteint son maximum au 1er octobre 1919, s'élevait à cette date à 1.150 environ, soit une moyenne de 68 travailleurs par agent.

Si tous ces agents avaient eu une valeur morale et professionnelle réelle, on aurait pu obtenir d'excellents résultats : mais on peut admettre que 50% tout au plus répondaient à ce desideratum, et l'autorité supérieure a reculé devant la dépense considérable qu'aurait exigée le paiement des surveillants de valeur, tels que ceux dont disposent les entrepreneurs.

Il était impossible de faire fonctionner un service aussi considérable et de régler les dépenses qu'il entraînait, sans un service central de comptabilité et un secrétariat par secteur et par district.

Là, le recrutement fut moins difficile, les comptables, secrétaires et dactylos étaient toujours plus faciles à trouver que des professionnels du bâtiment, et, faute de connaissances spéciales, leur instruction, pour la plupart, pouvait se faire au fur et à mesure de leur utilisation. Le nombre en fut d'ailleurs assez restreint, et si quelques exceptions ont pu se trouver, qui ont attiré l'attention du public, l'ensemble présente un chiffre assez faible. Au moment du maximum, il se trouve être de 16 agents supérieurs, 57 sous-agents, 478 dessinateurs, secrétaires-comptables et dactylos, soit une moyenne de 1 agent supérieur pour 5.000 hommes, 1 sous-agent par 1.300 hommes et 1 dactylo, secrétaire ou comptable par 170 hommes environ.

Devant l'impossibilité de faire vivre le personnel ouvrier français qui s'élevait à 14.000 environ, il a fallu créer des cantines, gérer des dépôts de vivres les concernant, en même temps que créer des approvisionnements pour les hommes et les chevaux dont il sera parlé plus loin. Le personnel nécessaire à cette organisation très importante et très compliquée s'est borné à 7 agents supérieurs et 30 sous-agents de district, le personnel secondaire étant très peu important et compris dans ceux dont il vient d'être parlé précédemment.

Cette organisation de cantines et d'approvisionnements a nécessité beaucoup d'initiative et de travail de la part des organisateurs et a rendu d'ailleurs d'immenses services à la population ouvrière qui n'aurait pu vivre sans elle. Le même Service était chargé d'assurer le logement du personnel.

La main-d'œuvre.

Ce personnel ouvrier fut recruté à grand'peine, soit sur place, soit à l'intérieur, par l'intermédiaire du Service de la Main-d'œuvre, soit par l'envoi de prisonniers de guerre, de Russes, de Chinois ou de travailleurs coloniaux divers. Il n'existait, dans ce département, aucun prisonnier de guerre au mois de janvier 1919; ils furent 9.000 au mois de mars et leur nombre alla progressivement en augmentant, jusqu'à atteindre 49.000 en septembre; ce nombre progressa encore un peu, jusqu'à 50.000, chiffre atteint en janvier 1920. A partir de cette date, il diminua rapidement, pour n'être plus, au 1er avril 1920, que de 2.700 Hongrois environ.

Les ouvriers français suivirent à peu près la même progression; parti de 3.000 au mois de mars 1919, leur nombre atteignit le maximum en août, à 20.000, pour diminuer progressivement jusqu'au 1er avril 1920, date à laquelle il existe encore 13.700 ouvriers aux S. T. E. Au 1er août 1920, l'effectif n'était plus que de 3.600.

L'effectif colonial a peu varié, il comportait surtout 5.000 Chinois; il y a lieu de mentionner, en outre, quelques contingents portugais, espagnols, maltais, russes : au total environ 10.000 travailleurs. Au 1er août 1920, l'effectif n'était plus que de 2.050.

La main-d'œuvre allemande, excellente au début, bonne pendant la plus grande partie de 1919, a progressivement diminué de qualité à partir du mois de septembre. Cet état de choses est dû en partie au découragement des prisonniers de guerre qui s'attendaient chaque jour à un départ indéfiniment reculé, et aussi à l'infériorité du cadre surveillant, dont nous avons parlé plus haut et qui était incapable de réagir sérieusement contre la nouvelle tendance.

Les ouvriers français, sauf quelques exceptions, recrutés sur place, ont toujours été d'un médiocre rendement. Il était impossible de faire venir de l'intérieur dans les régions libérées, de bons ouvriers qui trouvaient chez eux meilleur salaire, meilleur gîte, l'entourage de leur famille et tous autres agréments qu'ils ne pouvaient trouver dans nos villages déserts.

La main-d'œuvre chinoise, introduite dans la région par un entrepreneur ayant contracté des marchés système Claveille, a donné, dès le début, plus que des inquiétudes. Ces travailleurs non payés par leur entrepreneur se répandaient dans le pays, dérobant ce qui leur manquait, ramassant des fusils, des cartouches, des grenades, et terrorisaient la population qui commençait à rentrer. Rassemblés à grand'-peine, réunis en compagnies, on réussit à les discipliner peu à peu et à les utiliser, mais ils apportèrent toujours au service plutôt une gêne qu'une aide salutaire, et leur rendement resta toujours assez médiocre. Il faut, toutefois, se garder des exagérations commises à leur endroit, qui furent loin d'être toutes justifiées. Le travailleur chinois est un indépendant, et, quand il veut, c'est un terrassier de tout premier ordre.

Beaucoup d'entre eux, lorsqu'on les mettait à la tâche, accomplissaient cette tâche en très peu de temps, se rendaient libres afin de pouvoir se promener ou se reposer, donnant l'aspect de gens échappés au contrôle des surveillants et gagnant leur journée à ne rien faire. Une des causes de mauvais rendement de la main-d'œuvre chinoise est également la non-valeur de certains chefs de chantiers dont beaucoup, comme je l'ai déjà dit, étaient incapables de forcer les fainéants au travail.

La main-d'œuvre russe a généralement été d'un rendement nul; payés comme militaires non astreints au travail, c'est tout au plus si les travailleurs gagnaient leur nourriture qui, d'ailleurs, n'était pas à la charge des Régions libérées.

Les Portugais, les Maltais, Espagnols, Polonais, etc., sont arrivés depuis peu et en vue de remplacer la main-d'œuvre allemande. Cette main-d'œuvre est d'ailleurs très diversement appréciée et sa valeur est variable. L'effectif des ouvriers étrangers était, au 1er août, de 2.650.

En résumé, l'ensemble des travailleurs qui était de 0 en janvier 1919, atteint 12.000 au mois de mars, le maximum de 79.000 au mois d'août, se maintient de 78.000 à 76.000 d'août à janvier 1920, pour tomber à 24.000 au 1er avril, par suite du départ des Allemands, les autres contingents ayant peu varié pendant cette même période.

Au 1er août 1920, l'effectif total des travailleurs n'était plus que de 8.300.

Transports.

Une des grosses difficultés éprouvées par le S. T. P. U., à son début comme par la suite d'ailleurs, a été le manque de moyens de transport.

Un fait était indéniable, les matériaux, déjà insuffisants par eux-mêmes, ne pouvaient pas être transportés aux gares de débarquement et, arrivés aux gares, ne pouvaient pas parvenir à pied d'œuvre.

Les chefs de secteur proposèrent de prendre à leur compte les sections automobiles, se chargea de les faire fonctionner, si on les laissait opérer à leur manière. J'ignore dans quelles conditions ils auraient pu réussir; il est toujours facile de critiquer, il l'est beaucoup moins d'organiser ou de produire.

La proposition n'ayant pas été admise, ils furent invités à rechercher, dans la traction hippomobile, les moyens que n'avait pu leur donner la traction mécanique.

Grâce à leur activité, leur esprit d'initiative et leur faculté d'organisation, aidés aussi par le Service central, ils se procurèrent assez rapidement, dans les armées américaines et françaises, dans les parcs d'artillerie et du génie, les animaux, le matériel et le harnachement qui leur étaient nécessaires. Ils montèrent des écuries, des hangars, des infirmeries, des forges, des magasins à fourrage, et, au mois de septembre, ils disposaient d'une cavalerie de 6.000 animaux, assurant tous les transports à courte distance dont ils avaient besoin : débarquement de matériel dans les gares, déblaiement dans les communes, etc.

Il est regrettable que, par esprit d'économie et en vue de centraliser le commandement, ils n'aient pas recherché une personne idoine pour assurer les soins à donner aux animaux et contrôler la mauvaise manière de procéder de certains chefs de district.

Il en est résulté, dans beaucoup de cas, un fâcheux emploi de certains animaux qui avaient besoin d'un repos relatif ou passager avant d'être remis au travail intensif que nécessitait le service courant.

Le Service du Désobusage concerne spécialement le ministère de la Guerre; néanmoins, le S. T. P. U. a dû s'en préoccuper d'une façon sérieuse, pour donner au service militaire tous les moyens qui lui manquaient, et, en particulier, payer le personnel employé.

Les quatre chefs de secteur du département, aidés de l'Administration centrale, avaient, en six mois, mis sur pied une organisation considérable, en mesure de faire fonctionner 79.000 travailleurs et 6.000 chevaux auxquels ils avaient assuré le logement, la nourriture, les soins médicaux et vétérinaires; avec une activité et une ténacité inlassables, ils avaient installé des stockages de matériaux considérables, créé des scieries, des ateliers de réparations, des briqueteries, des plâtrières, etc., de façon à faire face, sinon à tous leurs besoins, du moins à parer aux plus pressés.

Les résultats obtenus.

Les résultats obtenus sont les suivants, à la date du 1er août 1920 :

592.000 hectares ont été débarrassés de projectiles ;

555.000 — ont été en même temps débarrassés de réseaux et tranchées ;

260.000 — ont reçu un premier labour ;

23.000.000 de mètres cubes de tranchées ont été comblées ;

26.200.000 mètres carrés de réseaux ont été enlevés.

On a monté :

3.057 baraquements ;

2.945 maisons en bois ;

6.637 maisons en matériaux de remploi.

On a rendu habitables :

40.620 maisons.

On a ainsi aménagé :

40.000 places pour les travailleurs ;

100.000 places pour la population civile.

On a curé ou réparé :

13.637 puits.

Vidange :

6.000 mètres cubes de fosses d'aisances.

Un nombre considérable de rivières a été nettoyé, et il a été procédé à des travaux de détail non moins considérables et dont il n'a pu être pris note, tels que :

Éclairage électrique des villes ou des communes ;

Fabrication d'urnes électorales (2.500 environ) ;

Mobiliers scolaires ;

Aménagement des divers services (chevaux et bestiaux venant d'Allemagne) ;

Aménagement des bureaux de commissions cantonales ;

Organisation d'écoles et de mairies ;

Aide importante et fourniture du personnel au Service des Munitions, nettoyage des villes et villages, en attendant le déblaiement définitif ;

Installation des camps de prisonniers de guerre ;

Exploitation et création de carrières, de scieries, de stockages et d'ateliers ;

Réfection de chemins ;

Cession de matériel ou de chevaux aux particuliers, etc.

175 déblaiements de communes sont en cours de réalisation;

Une centaine de projets sont à l'étude et prêts à être mis à exécution dès que les crédits alloués par le ministère le permettront.

45 millions de travaux à l'entreprise préparés par le Service sont en cours d'exécution à l'heure actuelle.

En outre, 73 millions de travaux ont déjà été exécutés et livrés.

En résumé, l'œuvre accomplie jusqu'ici a été considérable et, si des reproches de détail peuvent être faits justement dans un grand nombre de cas particuliers, on peut affirmer qu'ils sont inhérents à la nature de l'entreprise, à l'immensité de l'œuvre à accomplir, à l'imperfection humaine qui s'est manifestée aussi bien chez le travailleur que chez les sinistrés, lesquels n'ont pas toujours aidé le Service aussi bien qu'ils auraient dû le faire, il faut bien le dire.

LE GENIE RURAL

LE SERVICE DU GÉNIE RURAL

Le Génie rural avant la guerre.

Le Service du Génie rural qui appartient au ministère de l'Agriculture, Direction générale des Eaux et Forêts (2e partie, Eaux et Génie rural) a été créé en date du 27 janvier 1903, et le corps des ingénieurs par décret du 5 avril 1903.

Ce service, dont l'importance était telle en Allemagne et en Autriche qu'il n'y avait pas moins de six écoles supérieures et de douze écoles destinées à pourvoir au recrutement de son personnel, a pour tâche principale de seconder l'initiative privée en aidant de ses conseils et de son expérience les associations syndicales ou les cultivateurs isolés dans l'exécution des multiples entreprises du Génie rural, qu'abandonnés à eux-mêmes, ceux-ci ne pourraient mener à bien faute des connaissances et des ressources indispensables. En particulier, il a pour mission de rechercher les travaux à exécuter et d'en suivre la réalisation.

Il doit, dans ce but, provoquer la formation d'associations syndicales, de sociétés coopératives, dresser les projets, en surveiller l'exécution et proposer l'allocation des subventions que l'État et quelques départements réservent à ces travaux.

Les travaux du Génie rural ont pris, depuis cette date, une grande importance. Ils comprennent, en effet, l'ensemble des travaux qui peuvent être exécutés par les cultivateurs isolés ou les groupements (associations coopératives) en vue d'augmenter la production de leurs fonds ou de permettre une meilleure utilisation de ces fonds ou de leurs produits.

Dans le premier groupe de travaux, on peut ranger l'utilisation des eaux pour l'irrigation des propriétés, le drainage et l'assainissement.

Dans le second, l'échange et la réunion des parcelles éparses (remembrement), la construction de chemins ruraux et l'exploitation, l'établissement de câbles porteurs agricoles, les constructions rurales telles que bâtiments pour abriter les animaux ou les récoltes, fosses à fumier, citernes à purin, puits, amenée d'eau, distribution d'énergie et de force par l'électricité dans les fermes et les villages, enfin l'installation des industries agricoles sous forme de sociétés coopératives, de laiteries, beurreries, distilleries, meuneries, etc...

Parmi les principaux travaux effectués par ce service, on peut citer : drainage dans la Brie, assainissement des plaines de la Limagne, sociétés coopératives de laiteries dans les Charentes, sociétés coopératives d'électricité de Vaucogne et de Roisel, de distillerie dans la Seine-Inférieure, projets types de constructions rurales, mise en valeur du plateau de Millevaches, chemins ruraux en Bretagne et dans le Limousin, remembrement de l'Est de la France, sociétés coopératives de reconstruction à la suite des inondations de la Seine en 1910, etc..,

Le Génie rural dans les régions libérées.

Le ministère des Régions libérées a fait appel, en 1915, au concours de techniciens du Génie rural pour collaborer à la reconstruction des villages détruits lors de l'avance allemande de 1914 dans les départements de la Marne, de la Meuse, et de Meurthe-et-Moselle. Les premières coopératives de reconstruction furent créées à cette époque sous la direction de ce service, et les fermes et les villages réparés et en partie reconstruits.

Le 1er novembre 1918, il a été appelé dans le département de l'Aisne avec résidence à Château-Thierry pour collaborer à la reconstitution du sol et des bâtiments ruraux. Le Service fut ensuite transféré à Laon dans le courant du mois suivant en même temps que la préfecture.

A cette époque, les travaux de reconstitution étaient confiés au Service des Ponts et Chaussées qui assurait les réparations provisoires et définitives des immeubles endommagés ainsi que la délivrance des matériaux aux sinistrés.

Le Génie rural eut à s'occuper des travaux de remise en état du sol et de réfection de puits contaminés, de la réparation définitive des immeubles endommagés dans les villes et les villages (le Service d'Architecture n'était pas encore créé) et de la délivrance aux sinistrés des bons de matériaux entreposés par le Service des Ponts et Chaussées.

La tâche à accomplir était énorme et les moyens faisaient entièrement défaut.

Le personnel ne comprenait que : un ingénieur, un conducteur et deux secrétaires recrutés sur place, les moyens de transport étaient inexistants. Néanmoins, dès le mois de janvier, les travaux de remise en état du sol étaient commencés. Dans la région du Soissonnais, des contrats étaient passés avec les particuliers; ceux-ci, moyennant des prix forfaitaires à l'hectare ou au mètre cube de terrassement, étaient chargés eux-mêmes de la remise en état de leurs terres. Dans le Laonnois et le Vervinois, partout où la méthode employée dans le Soissonnais ne pouvait être appliquée, des équipes de chômeurs étaient constituées et, sous la direction des intéressés, ils effectuaient le comblement des tranchées et des trous d'obus. En même temps que ces travaux s'exécutaient, nous commencions la délimitation de la zone rouge, réputée incultivable. D'un autre côté, plusieurs équipes de puisatiers étaient formées.

Au 1er mars 1919, lors de la création du Service des Travaux de première urgence et du Service d'Architecture, les attributions du Génie rural furent modifiées et fixées comme suit :

a) **Remise en état du sol.**

1o *Enlèvement des travaux de défense.*

Les équipes de chômeurs constituées et les contrats en cours au 1er mars 1919 furent passés au Service des T. P. U., le Génie rural ne devant que dresser le programme détaillé des travaux à exécuter et donner leur ordre d'urgence afin de permettre à ce service de passer immédiatement à l'exécution. En principe, le Génie rural n'eut que très incidemment, depuis cette date, à intervenir dans cette question.

2o *Terres incultivables (zone rouge).*

Conformément aux instructions ministérielles, la carte de la zone réputée incultivable fut établie dès le mois de février 1919.

Cette zone comprend le Chemin des Dames du moulin de Laffaux au plateau de Craonne et la région de Juvincourt, Berry-au-Bac et Pontavert. Elle occupe environ 18.000 hectares. On trouvera plus loin les éclaircissements concernant la zone rouge et une étude approfondie de cette question.

b) Reconstruction des bâtiments ruraux.

1° *Contrôle des demandes d'avances.*

Le contrôle des demandes d'avances fut confié aux Services d'Architecture et du Génie rural.

Le Service d'Architecture était alors chargé de toutes les agglomérations réputées urbaines, c'est-à-dire dans lesquelles la majorité des immeubles a le caractère urbain. Le Service du Génie rural, au contraire, s'occupa des agglomérations rurales. Cette répartition semblait avoir eu pour but d'assurer une direction administrative unique dans chaque agglomération.

La réparation et la reconstruction, constituant deux degrés d'une même nature de travaux, il n'y a donc pas lieu de les traiter différemment.

Ces travaux sont exécutés par le sinistré lui-même ou par une société coopérative de reconstruction qui se substitue à lui, le paiement fait par l'État par voie d'avances après contrôle effectué à cette époque, soit par le Génie rural, soit par l'Architecture, de la somme demandée.

L'agent local transmet la demande du sinistré avec ses propositions au chef de service qui transmet à son tour au régisseur des avances avec son avis pour mandatement. Le sinistré ou la coopérative reçoit ainsi une avance de 20 % avant tout commencement de travaux et les autres tranches au fur et à mesure des justifications.

Le contrôle des avances, nul au mois de mars 1919, prit par la suite une très grande extension.

Le Génie rural se heurta dans l'accomplissement de cette mission à bien des difficultés. La tâche qui consiste à assurer le contrôle est en effet très ingrate. Il est nécessaire de réduire les demandes exagérées ou les mémoires surfaits, et les sinistrés ne comprennent pas la plupart du temps que dans cette affaire leurs intérêts sont liés à ceux de l'État et que plus leurs demandes et leurs mémoires seront établis avec exactitude, plus les prix pratiqués se rapprocheront de la vérité, plus aussi les dépenses qu'ils auront faites ont des chances d'être homologuées par les commissions cantonales.

Il ne faut pas perdre de vue que le régime des avances n'est que transitoire en attendant la fixation définitive de l'indemnité par la Commission cantonale qui seule a qualité pour statuer sur les sommes à allouer pour la réparation des dommages.

L'Administration est donc obligée de rester dans l'arbitraire, mais cet arbitraire doit, à mon avis, être tel que les règlements acceptés ne puissent donner lieu à des discussions devant les commissions cantonales et procurent aux sinistrés le maximum de garanties.

2° *Demandes d'avances en nature.*

Lorsqu'un sinistré ou un groupe de sinistrés n'avait pas d'entrepreneur, le Service du Génie rural pouvait faire appel au Service des Travaux d'État. Dans ce cas, l'agent technique établissait un programme détaillé des travaux qui était transmis au préfet pour approbation et au Service des T. E. pour exécution; un décompte régulier des travaux exécutés était ensuite transmis par les soins du Génie rural pour inscription au compte du sinistré.

3° *Livraison de matériaux.*

En ce qui concerne les villages ruraux, le Service du Génie rural était alors seul qualifié pour assurer la délivrance directe aux sinistrés de matériaux par l'intermédiaire des stations-magasins. Ces matériaux étaient distribués de préférence aux sinistrés qui exécutaient les travaux par leurs propres moyens.

c) Remembrement.

Avant la création du Service de la Reconstitution foncière, le Génie rural était chargé des travaux de remembrement qui rentrent dans ses attributions normales.

Les commissions cantonales de Reconstitution foncière prévues par la loi du 4 mars 1919 qui étaient en voie de formation ont donc été passées à ce service, sauf celle de Bucy-lès-Pierrepont qui était déjà constituée.

Le deuxième projet du remembrement de cette commune tenant compte des desiderata exprimés par les intéressés, a été transmis à M. le président de la Commission départementale de Reconstitution foncière. Dès que cette Commission aura donné son avis conformément à l'article 2 de la loi du 4 mars 1919, l'arrêté ordonnant le remembrement et les travaux du géomètre interrompus en attendant cette décision seront immédiatement repris.

Il serait à souhaiter que ce projet puisse être réalisé à bref délai, car il constituera une amélioration agricole de premier ordre et il sera d'un exemple très utile pour tous les agriculteurs de la région.

d) Abris et maisons provisoires.

Jusqu'au 1er mars 1920, le Génie rural s'occupait de l'instruction des demandes de maisons et d'abris provisoires et l'exécution de ces travaux était effectuée par le Service T. E.

Décret du 16 juin.

Enfin, les attributions du Service du Génie rural ont à nouveau été modifiées par le décret du 16 juin 1920.

Elles sont actuellement les suivantes :

Conseils techniques et examen des projets en matière de construction rurale;

Questions agricoles concernant les travaux de remise en état du sol;

Rachat des terres par l'État et leur utilisation;

Participation aux opérations des commissions communales et départementales de Reconstitution foncière (L. 4 mars 1919);

Reconstitution des travaux d'amélioration foncière et des industries agricoles coopératives;

Fonctionnement et contrôle des sociétés coopératives de reconstitution.

Depuis le 1er juin, le contrôle des avances délivrées aux sinistrés et sociétés coopératives pour la réparation des immeubles ruraux et urbains, a été centralisé au Service technique d'Architecture. D'autre part, ce service a été rattaché avec ceux de la Reconstitution foncière et de l'Architecture au secrétariat général en qualité de contrôleur départemental des services administratifs.

Les attributions ci-dessus indiquées rentrent dans le cadre normal de celles énumérées à l'article 1 du décret du 5 avril 1903 portant création au ministère de l'Agriculture du corps des ingénieurs du Génie rural. Elles ont laissé à ce service une plus grande liberté d'action et ont permis à ses ingénieurs de se consacrer avec plus d'activité à la réalisation des travaux d'amélioration foncière nécessaires pour intensifier la production agricole.

Conseils techniques et examen des projets en matière de construction rurale.

Le Service du Génie rural met à la disposition des sinistrés, des architectes et des sociétés coopératives, des plans types de constructions rurales et se tient à leur disposition pour tous conseils techniques dont ils pourraient avoir besoin.

Il importe, en effet, que les bâtiments ruraux soient reconstruits suivant des plans minutieusement étudiés, de manière à assurer aux hommes et aux animaux un logement hygiénique et à présenter des dispositions permettant la plus grande économie de main-d'œuvre.

L'emploi des machines mues par moteur doit se généraliser de plus en plus, et il faut tendre à réformer les anciennes pratiques pour leur substituer des dispositions nouvelles appliquées à la culture moderne (moteur électrique, labourage électrique, transbordeur pour les fumiers et les récoltes, etc.). On peut dire que, dans cet ordre d'idées, le Service du Génie rural peut rendre de très grands services et qu'il pourrait être consulté utilement par les agriculteurs.

Questions agricoles concernant les travaux de remise en état du sol.

Le Service du Génie rural n'a pas eu à intervenir très souvent dans la remise en état du sol. Ces travaux sont en effet très avancés, sauf dans la zone rouge.

Participation aux opérations des commissions communales et départementale de Reconstitution foncière (L. 4 mars 1919).

D'accord avec le Service de la Reconstitution foncière, le Génie rural a pris part aux délibérations des commissions communales de Reconstitution foncière suivantes :

Bois-lès-Pargny, Chalandry, Chéry-lès-Pouilly, Dercy, Mortiers, Nouvion-et-Catillon, Pargny-les-Bois, Pouilly-sur-Serre, Remies, Verneuil-sur-Serre, Châtillon-lès-Sons, Erlon, Marcy-sous-Marle, Sons-et-Ronchères, Voyenne, Amifontaine, Fargniers, Quessy, Travecy, Vouël.

Le but de ces commissions est le rétablissement des limites des parcelles dont les bornes ont été enlevées par les Allemands et, pour quelques-unes, le remembrement de tout ou partie du territoire (Voir Reconstitution foncière).

Reconstitution de travaux d'amélioration foncière et des industries agricoles coopératives.

Les principaux travaux d'amélioration foncière à exécuter dans le département sont les drainages et assainissements.

Leur réfection est subordonnée à la remise en état des rivières et cours d'eau non navigables ni flottables entreprise par le Service hydraulique, car il est évident qu'aucun travail particulier ne peut être effectué avant que l'écoulement général des eaux ait été rétabli.

Ce travail est actuellement très avancé, et on pourra sous peu commencer utilement la réfection des travaux de drainage détruits par la guerre. L'on peut espérer, avec le concours des subventions du ministère de l'Agriculture, amener en même temps les intéressés à effectuer l'assainissement des terres humides non drainées avant la guerre. Il faut profiter, en effet, des circonstances actuelles pour faire, dans un délai le plus court possible, tous les travaux d'améliorations foncières susceptibles de donner aux terres le maximum de rendement.

Réunis en association syndicale conformément à la loi du 21 juin 1865-22 décembre 1888, les sinistrés peuvent effectuer à frais communs, et dans les meilleures conditions possibles, l'évaluation des dommages causés aux drains et fossés, réaliser la remise en état de l'ancien état de choses et effectuer l'assainissement de toutes les terres humides et, par suite, improductives. Le concours du Génie rural leur est acquis pour les études et conseils techniques. Pour l'exécution des travaux ne rentrant pas dans la catégorie des dommages de guerre, des subventions et des avances du Crédit agricole peuvent leur être accordées.

Le montant des ouvertures de crédit faites à ce jour pour la reconstitution des améliorations foncières s'élève à 97.600 francs ; les paiements proposés s'élèvent à 25.520 francs et ceux effectués à 52.222f 64.

Rachat des terres par l'État. La zone rouge.

La circulaire n° 4 du ministre des Régions libérées, en date du 17 janvier 1918, a pour la première fois prescrit la délimitation des zones dans lesquelles toute reprise d'exploitation agricole sera réputée impossible.

Cette délimitation devait être faite par une commission composée de six membres nommés par le préfet ; elle devait comprendre l'ingénieur du Génie rural, le directeur des Services agricoles et quatre membres agriculteurs choisis parmi les représentants qualifiés des groupements agricoles de la région. Outre cette délimitation, la Commission devait se prononcer sur les demandes individuelles des agriculteurs dont les terres étaient incultivables et qui sollicitaient des avances pour la reprise d'une exploitation dans les régions libérées.

Une deuxième circulaire, en date du 31 octobre 1918, demandait au préfet du département de l'Aisne de faire déterminer dans le territoire de chaque village, par l'ingénieur du Génie rural :

1º Les zones qui pouvaient être remises en culture ;

2º Les zones qui nécessitaient des travaux de quelque durée ;

3º Les zones où le bouleversement du sol conduisait à envisager l'abandon de la culture, soit en raison des frais excessifs qu'entraînerait le nivellement, soit en raison de la perte de fertilité du sol.

Il ne fut pas possible de commencer ce travail avant le mois de janvier 1919. Antérieurement à cette date, nous ne disposions, en effet, d'aucun moyen de transport, et l'état des routes ne permettait pas d'aborder la région bouleversée du Chemin des Dames.

Le 1er février 1919, des instructions de M. le commissaire général à la Reconstitution précisaient encore l'établissement des « cartes du sol » qui devaient comprendre :

« Une zone bleue où l'on peut mettre immédiatement en culture ;

« Une zone jaune qu'il est possible de remettre en culture après des travaux d'une durée plus ou moins longue ;

« Une zone rose pour laquelle il faut envisager l'abandon de la culture ou le boisement ;

« Une zone verte, zone antérieurement boisée. »

Il n'y avait pas lieu de rechercher dans la limitation de ces zones l'extrême détail ; on devait envisager des *masses* nettement caractérisées ou faciles à regrouper avec des régions antérieurement boisées. Le résultat de ce travail devait être soumis à l'homologation de la Commission spéciale instituée par la circulaire ministérielle du 17 janvier 1918, citée plus haut.

Le travail fut donc poursuivi dans le sens des indications qui avaient été données, et terminé à la fin de mars 1919.

Sur les propositions du Génie rural et par arrêté en date du 1er avril 1920, j'instituai la Commission spéciale qui se composait de :

Membres titulaires. — M. Frédéric Bertrand, agriculteur à Laon ; M. Wateau, agriculteur à Malaise ; Brunehant, agriculteur à Pommiers ; M. Boutroy, agriculteur à Méchambre ; le directeur des Services agricoles et l'ingénieur du Génie rural.

Membres suppléants. — MM. Graux, agriculteur à Paissy ; Ferté Nicolas, agriculteur à Serches.

La première réunion eut lieu le 16 avril, et la Commission a décidé d'adopter en principe la délimitation faite par nos soins, qui comprenait le Chemin des Dames, du moulin de Laffaux à Craonne, et la région de Corbeny, Juvincourt, Berry-au-Bac. Elle donna délégation à ses membres pour se rendre sur place et vérifier les limites proposées. Elle se réservait d'examiner les cas d'espèce qui pouvaient lui être soumis. Le 27 avril 1919, M. le ministre des Régions libérées me faisait connaître que la « vérification, du fait que l'ancien domaine est devenu incultivable..., qui était confiée, dans le régime de la circulaire du 17 janvier 1918, à une commission spéciale », devait l'être désormais, pour assurer plus de rapidité aux opérations, aux fonctionnaires techniques qui se rendraient au besoin au siège de l'exploitation pour vérifier l'état de cultivabilité des terres. Cette circulaire enlevait donc à la Commission la grande partie de ses attributions.

Néanmoins, les vérifications prescrites par elle furent effectuées et, le 8 août 1919, elle se réunissait à nouveau pour homologuer les certificats d'incultivabilité délivrés, délimiter la zone rouge et enfin faire toutes propositions utiles sur les terrains à exproprier. Elle émit l'avis suivant :

1º Que la zone délimitée (qui comprenait, en plus de celle décrite plus haut, la région de Pinon et Vauxaillon, trois taches dans la région de Saint-Quentin : Itancourt, Le Pire-Aller, Le Catelet et une partie des communes de Fontenoy et Nouvion-Vingré) soit considérée comme zone *provisoirement réservée*. Les cultivateurs ayant leurs domaines dans cette zone seront, s'ils le désirent, expropriés et pourront s'installer ailleurs ;

2º Que dans la partie de la zone réservée où les terres sont de bonne qualité, des essais soient effectués au compte de l'État, pour remettre par des procédés mécaniques le sol en état d'être à nouveau cultivé ;

3º Que seuls soient réservés pour le reboisement les sols mauvais ou médiocres n'étant susceptibles de donner ni des terres de culture ni des prairies naturelles.

Délimitation actuelle.

La circulaire ministérielle du 13 mars 1920, nº 134, a prescrit de compléter l'enquête déjà faite sur les bases suivantes :

a) *Définition*. — La zone rouge ne comprend que des terrains incultivables définis comme suit : ce sont les terres pour lesquelles on juge inadmissibles soit les *frais*, soit les *délais* de remise en état de productivité comparable à l'état d'avant-guerre. Par suite, il est absolument inutile, pour la détermination de ces territoires, d'attendre que les commissions et tribunaux des Dommages de guerre aient statué sur toutes demandes d'indemnité ; le critérium de la délimitation est une question de possibilité qui ne peut être débattue qu'entre l'État et les sinistrés eux-mêmes.

La zone rouge ainsi définie comprendra des îlots plus ou moins étendus et plus ou moins séparés par des terrains reconnus exploitables. Pour remédier à ces dispositions qui, si elles étaient maintenues, porteraient un préjudice grave aux terrains limitrophes, on envisagera la création d'une zone rose, afin de rectifier les limites de la zone rachetée par l'État et constituer de larges masses d'un seul tenant ne gênant, en aucune manière, les exploitations agricoles voisines et pouvant d'ailleurs être elles-mêmes ultérieurement utilisées en partie.

Utilisation des terres rachetées.

En laissant de côté les terrains incultivables (à remettre au Service forestier ou à conserver comme souvenirs historiques), on peut envisager deux catégories de zones :

1° Ilots de vaste étendue actuellement incultivables mais dont la remise en état peut être envisagée dans un certain avenir par des procédés industriels. Ces îlots pourront être, après exécution des travaux, vendus, concédés ou loués par l'État, ou bien constitués en petites propriétés familiales, attribuées de préférence aux sinistrés de la commune;

2° Ilots cultivables de superficie restreinte situés dans des communes presque entièrement rachetées.

On peut envisager deux utilisations :

La première consisterait dans le rétablissement pur et simple des propriétaires de la zone cultivable dans leurs droits antérieurs;

La seconde dans le lotissement général des terres cultivables, par application des articles 2 et 3 de la loi du 4 mars 1919.

Le meilleur procédé pour arriver à ce résultat est le rachat des terres cultivables par l'État et son lotissement, puis la mise en adjudication, avec droit de préférence pour les propriétaires de la commune, car le partage de la zone cultivable entre tous les propriétaires de la commune amènerait un morcellement par trop exagéré des terres, ce qui est contraire au rendement de la culture.

Commissions de délimitation.

La Commission de délimitation choisie est celle instituée par l'article 1 de la loi du 4 mars 1919 qui comprend, outre le maire, le juge de paix, l'ingénieur du Génie rural, un délégué de l'Administration des Contributions directes, six représentants des propriétaires (dont deux forains).

Au cas où la réunion de cette commission est impossible, elle est remplacée par une commission spéciale présidée par le maire et comprend un agent du Génie rural, un topographe ou un géomètre et trois autres membres choisis par le préfet sur une liste de douze représentants des propriétaires et cultivateurs intéressés.

La démarcation ainsi arrêtée est reportée sur un plan directeur au 1/10000e; puis, ensuite, sur les plans parcellaires auxquels on adjoindra un état indicatif des parcelles, un état alphabétique des propriétaires et un mémoire justificatif.

Procédure d'enquête.

Un dossier comprenant les plans, le mémoire explicatif, le registre des procès-verbaux, est déposé à la mairie, où les intéressés avisés par affiches et par la presse pourront en prendre connaissance.

Les réclamations sont reçues par le préfet dans le délai d'un mois, après affichage. Passé ce délai, le dossier sera soumis à l'examen de la Commission départementale de la Reconstitution foncière, qui donnera son avis dans la quinzaine. Le préfet statuera ensuite par arrêté.

Dès que ces opérations seront terminées, un exemplaire du dossier sera adressé à la Commission cantonale des Dommages de guerre.

Délimitation effectuée à ce jour.

Les commissions communales et spéciales ont fonctionné dans les seize communes suivantes :

Craonne, Craonnelle, Oulches, Vassogne, Corbeny, Juvincourt, Guignicourt, Berry-au-Bac, La Ville-au-Bois, Pontavert, Chaudardes, Beaurieux, Filain, Braye-en-Laonnois, Moulins, Verneuil-Courtonne.

L'œuvre du Génie rural.

En lisant au début de cet exposé les attributions normales du Génie rural fixées par le décret de M. le ministre de l'Agriculture en date du 27 janvier 1903 et celles indiquées dans la suite, on peut remarquer qu'elles n'ont aucun point commun. Le contrôle de demandes d'avances, qui constitue le plus gros travail du Service, ressort plutôt du métier d'architecte.

Le décret du 16 juin ramène le Génie rural dans ses attributions normales. La guerre a particulièrement mis en évidence l'importance de la production agricole et la nécessité de la développer. Il est donc essentiel que le Génie rural continue avec plus d'activité que jamais sa mission sur tout le territoire de la France. Mais une partie de ce territoire a été dévastée, le sol a été bouleversé, les villages ruraux anéantis. Brusquement, les cultivateurs de ces régions se trouvent dans la nécessité de réédifier les choses détruites en vue d'une reprise rapide de la vie agricole. Or le Service du Génie rural peut utilement intervenir pour guider les collectivités rurales, les faire profiter de l'ancien état ou lui substituer un état nouveau plus favorable au développement du progrès agricole. Il faut concevoir une constitution foncière nouvelle adaptée aux besoins modernes de la culture et reconstruire la propriété bâtie en concordance parfaite avec elle.

Les territoires agricoles des villages dévastés sont, en général, de véritables damiers : quelques milliers de parcelles, enchevêtrées les unes dans les autres, appartiennent à des cultivateurs dont les bâtiments d'exploitation groupés autour de la mairie et de l'église forment le village.

La règle est le morcellement et la dispersion des terres, le groupement pour les bâtiments alors que, logiquement, ce devrait être le contraire ; il faut donc avoir comme programme la constitution de domaines pleins, au centre desquels seront construits les bâtiments d'exploitation.

L'expérience acquise par le Génie rural peut lui permettre d'aider à la réalisation de ces idées nouvelles et amener les cultivateurs à édifier des constructions adaptées aux besoins nouveaux.

Les agriculteurs de ces régions ont été éprouvés par la guerre ; ils ont fait d'admirables efforts pour relever leurs ruines ; une tâche reste à accomplir : aidés et conseillés par un service compétent, qui leur ferait participer de l'expérience acquise, on peut espérer que d'ici quelques années, après le regroupement de leurs terres, en possession de bâtiments bien conçus et d'un outillage perfectionné, ils pourront reprendre dans la vie économique du pays une place encore plus brillante que celle qu'ils avaient avant la guerre.

Telle est brièvement résumée la tâche accomplie par le Service du Génie rural pour la réparation des dommages de guerre. Malgré son importance, il n'a pas négligé les travaux rentrant dans ses attributions normales.

En exécution de la circulaire de M. le ministre de l'Agriculture, en date du 19 octobre 1919, il a provoqué la création de sociétés coopératives d'électricité, destinées à l'éclairage et à la distribution de force dans les fermes et les villages du Soissonnais et du canton de Vervins.

« Il importe, en effet, que la distribution de l'énergie soit réalisée de manière que, non seulement dans les centres urbains et les régions industrielles, mais aussi dans les agglomérations rurales et les fermes isolées, la force motrice soit mise largement à la disposition des populations. »

Des avantages importants sont réservés par l'État à ces sociétés; en dehors des subventions allouées par le ministre de l'Agriculture et de l'étude gratuite du projet effectué par le Génie rural, la loi du 21 juin 1919 leur permet de faire au Crédit agricole un emprunt à long terme au taux de 2%, atteignant cinq ou six fois le capital souscrit.

Les bienfaits que l'agriculture retirera de l'exécution de ces projets sont considérables, et nous nous attacherons à les réaliser dans le plus bref délai.

Les études de projets de drainage sont en cours dans la région de Coucy-le-Château et Montron. La remise en état du barrage de la Société agricole de Production et de Distribution d'énergie électrique de Neuve-Maison, créée par le Service en 1905, sera prochainement exécutée.

LES SOCIÉTÉS COOPÉRATIVES DE RECONSTRUCTION

Historique des sociétés coopératives.

Les premières coopératives ont été constituées, en 1910, par le Service du Génie rural lors des inondations de la Seine. Les sinistrés ainsi groupés effectuaient les travaux de reconstruction au moyen de subsides accordés par l'État, de souscriptions et d'avances consenties par le Crédit agricole.

Après la retraite des Allemands en 1914, des sociétés analogues furent constituées par le même Service, dans les départements de la Marne, de la Meuse et de Meurthe-et-Moselle, pour relever les villages détruits; elles fonctionnèrent avec satisfaction jusqu'en 1918 et contribuèrent puissamment au relèvement de ces régions.

Après la libération du territoire, le ministère des Régions libérées décida d'encourager la création de ces sociétés et élabora, à cet effet, des statuts types qui ont été très généralement adoptés.

La reconstruction effectuée dans la Marne, la Meuse et en Meurthe-et-Moselle de 1915 et 1918, ainsi que celle faite lors des inondations de la Seine, n'a rien de comparable avec le problème posé actuellement par la reconstruction des régions dévastées, et il ne faut pas s'étonner que les statuts établis à cette époque aient pu être critiqués.

Il me paraît inutile d'insister sur l'intérêt que présentent les sociétés coopératives de reconstruction. On ne peut guère concevoir les problèmes de la reconstitution définitive sans l'action de ces groupements.

Les avantages qu'ils procurent peuvent être résumés comme suit : les conseils sont donnés aux sinistrés par les administrateurs choisis parmi les plus aptes. Les contrats passés avec l'architecte et l'entrepreneur leur donnent toute sécurité. Les constructions reviennent moins cher et sont plus rapidement exécutées.

Aussi, dès le mois de février 1919, le Service du Génie rural a-t-il entrepris une propagande active pour la création de ces sociétés. Des réunions nombreuses ont été faites dans les villages pour expliquer les avantages de ces groupements.

En août 1919, 150 coopératives ont été constituées, en mars 1920 307, et actuellement il en existe 393 groupant 660 communes réparties comme suit :

ARRONDISSEMENTS	NOMBRE de SOCIÉTÉS constituées	NOMBRE de COMMUNES englobées
Laon.	130	258
Saint-Quentin	77	80
Vervins.	52	109
Soissons.	80	142
Château-Thierry	54	71
Totaux	393	660

La crise actuelle.

Il est de toute évidence que les sociétés coopératives de reconstruction subissent actuellement une crise assez sérieuse. La principale cause de cette crise réside dans l'insuffisance et la répartition inégale des sommes mises à leur disposition et les délais forcément assez longs exigés par les mandatements. Les entrepreneurs hésitent à organiser leur chantier devant l'instabilité de la situation financière des sociétés, ou bien arrêtent leurs travaux. Les sinistrés découragés démissionnent, espérant, en reprenant leur indépendance, arriver à des résultats meilleurs.

L'organisation des sociétés est inexistante dans la plupart des cas. Ne sachant que faire, les administrateurs se confient à leurs architectes ou à leurs entrepreneurs qui, il faut bien l'avouer, en ont, dans certains cas, abusé.

Peu de sociétés ont une comptabilité organisée, souvent il n'existe que quelques notes ou des papiers épars que personne ne s'occupe de mettre en ordre; en outre, l'absence de statut légal était une cause d'incertitude et d'instabilité.

J'ai eu malheureusement à constater que par suite de cet état de choses, plusieurs sociétés coopératives sont tombées entre les mains d'aigrefins qui les ont exploitées.

Les remèdes à cette crise.

Les remèdes à cette crise peuvent être cherchés pour une grande part dans l'application des mesures suivantes :

Création d'un service du contrôle;

Établissement d'un budget pour 1921;

Développement des unions et fédérations;

Application de la loi du 15 août 1920.

a) *Service du Contrôle.* — L'arrêté de M. le ministre des Régions libérées du 5 mars 1920 et le décret du 16 juin 1920 ont chargé le Service du Génie rural du contrôle des sociétés coopératives de reconstruction. Jusqu'à ce jour, aucun service n'était chargé de cette mission en sorte que, comme je le disais plus haut, les sociétés coopératives étaient livrées à elles-mêmes sans aucun appui.

Le Contrôle du Génie rural va permettre de remédier à cet inconvénient non pas en imposant aux sociétés des méthodes administratives par trop rigides, mais en leur donnant des *avis* et des *conseils* sur toutes les questions susceptibles de les intéresser.

Dès maintenant, un modèle de comptabilité est à la disposition de toutes les sociétés et des comptables se rendent au siège de celles qui en font la demande pour leur expliquer le maniement des registres et mettre sur pied la comptabilité elle-même. Les marchés qui sont soumis sont étudiés et retournés aux intéressés avec un avis technique, enfin, le Service est à même de se transporter au siège de toutes les sociétés pour les documenter sur l'organisation de leur affaire, examiner la validité des délibérations prises ou à prendre par les conseils d'administration et les assemblées générales, les guider et les documenter sur leurs droits et leurs devoirs, appuyer leurs légitimes revendications et apaiser les conflits.

J'estime que ce rôle bien compris peut contribuer à imprimer à ces organismes un essor nouveau et faire reprendre confiance aux administrateurs si dévoués qui se sont mis à leur tête.

b) *Le budget pour 1921.* — Le Conseil supérieur des Matériaux, de la Main-d'œuvre et des Transports qui siège à la préfecture de l'Aisne a décidé d'établir pour l'année 1921 un budget argent et matériaux.

En exécution de cette décision, j'ai demandé à toutes les sociétés coopératives constituées dans le département d'établir, pour le 1er novembre, ces deux documents. Il importe, en effet, que les sociétés coopératives soient fixées au début de chaque année sur l'importance des sommes dont elles disposeront et puissent être assurées de recevoir, en temps utile, les matériaux qu'elles ne pourront se procurer sur place.

Si ces budgets sont établis et rigoureusement appliqués, on aura, l'année prochaine, réalisé une amélioration considérable. Ce qui paralyse la reconstitution, c'est principalement l'irrégularité dans les mandatements; pendant quelques mois, une société peut dépenser 200.000 francs de travaux, puis, brusquement, sa caisse cesse d'être alimentée, ce qui la met dans une situation critique, jusqu'à ce que de nouvelles sommes soient versées.

Aucune entreprise sérieuse ne peut résister à de pareils à-coups ni organiser rationnellement ses chantiers.

J'estime que cette mesure facilitera dans une très large part la reconstitution du département.

c) *Unions et Fédérations.* — Il existe actuellement dans le département les unions suivantes :

L'Union des Sociétés coopératives du Soissonnais;

L'Union des Sociétés coopératives du Vervinois;

La Fédération des Sociétés coopératives « La Reconnaissance de Château-Thierry »;

L'Union des Sociétés coopératives de Coincy, et en formation :

L'Union des Sociétés coopératives du Laonnois;

La Fédération des Sociétés coopératives du département;

La Fédération des Sociétés coopératives de Blérancourt;

Ces divers groupements doivent rendre aux sociétés coopératives les plus grands services.

La plupart des présidents de sociétés coopératives sont absolument incapables de se diriger seuls. Les nouveaux statuts leur apportent des obligations nouvelles qui seront difficiles à surmonter pour beaucoup de sociétés. Les coopératives doivent donc être guidées constamment dans tous les actes de leur vie administrative. C'est le rôle de l'Union, qui, en même temps, représente les intérêts généraux des sinistrés et prend leur défense, de même que le Service du Contrôle guide les sociétés et représente les intérêts de l'État.

L'Union peut ouvrir un bureau de comptabilité qui se charge soit de centraliser les écritures des sociétés qui ne trouvent pas de comptables (ce cas sera très fréquent), soit de former des comptables destinés à tenir ces comptabilités d'un groupe de sociétés situées dans un même rayon, soit de se rendre au siège social des coopératives qui le demandent, pour guider et vérifier leurs écritures.

Enfin, l'Union peut créer un bureau d'achat de matériaux à répartir entre les sociétés adhérentes, afin d'obtenir, par des acquisitions en grandes quantités, des prix plus avantageux et en même temps supprimer le bénéfice des intermédiaires.

Les unions complètent l'organisation coopérative; elles nous paraissent indispensables et réalisables à bref délai si elles se maintiennent strictement dans leur rôle de conseiller et de guide des sociétés adhérentes.

d) *La loi du 15 août 1920.* — La loi promulguée le 15 août 1920 fixe le statut légal des sociétés coopératives de reconstruction. Il me semble inutile d'en donner une analyse complète. Je ferai remarquer, toutefois, que l'article 7 de cette loi empêche le sociétaire de se retirer avant la fixation de son indemnité par les commissions et juridictions compétentes, de même, lorsqu'il aura opté pour le remploi, avant l'achèvement des travaux de reconstitution de l'immeuble et la liquidation de son compte.

L'article 5 prévoit que les administrateurs sont responsables envers la société ou envers les tiers soit des infractions aux dispositions de la présente loi, soit des fautes lourdes qu'ils auraient commises dans l'exercice de leur fonction.

Ces deux clauses peuvent effaroucher à première vue bien des sinistrés; elles me paraissent cependant essentielles. La première garantit à la société la stabilité, la seconde oblige les administrateurs à veiller sur les intérêts de la société et par suite sur les indemnités que les sinistrés lui ont confiées.

Les avantages consentis par la loi aux sociétés approuvées sont de deux sortes, en premier des subventions pour leur permettre de couvrir les frais d'administration, ensuite des avances remboursables pour l'exécution des travaux.

Cette loi ne pourra être appliquée avant la publication du décret qui doit en déterminer le fonctionnement.

Conclusion.

Malgré les conditions assez rigoureuses de la loi du 15 août 1920, j'estime que la grande majorité des sociétés coopératives de reconstruction se reformeront sous ses auspices.

Les avantages qui leur sont concédés, joints à l'établissement d'un budget, permettront à ces organismes de prendre une des premières places dans la reconstitution du département, et il serait à souhaiter, pour ne pas arrêter leur essor, que des sommes suffisantes soient mises à leur disposition en 1921.

CHAPITRE VI

LE SERVICE DÉPARTEMENTAL
DE LA RECONSTITUTION FONCIÈRE
ET DU CADASTRE

Le Service de la Reconstitution foncière et du Cadastre a été créé, par arrêté ministériel du 15 mars 1919, en vue de la mise en application de la loi du 4 mars 1919 sur la délimitation et le remembrement de la propriété foncière dans les régions dévastées par le fait de la guerre. Ses attributions ont été étendues, par un arrêté ministériel du 15 février 1920, à l'établissement des documents cartographiques nécessaires à la rédaction des projets d'aménagement et d'extension des localités dévastées. Ce nouvel arrêté accompagné d'instructions administratives a été communiqué au Service à la fin du mois de mars.

Le Bureau départemental de l'Aisne, qui a été ouvert dans le courant de mai 1919, comprend un bureau administratif, organisé de concert entre la Direction générale des Contributions directes au ministère des Finances et la Direction générale des Eaux et Forêts au ministère de l'Agriculture, auquel est rattaché un bureau topographique militaire constitué d'accord avec le Service géographique de l'Armée.

A l'époque de sa création, le Service ne possédait aucun document susceptible d'être utilisé pour l'exécution des travaux de reconstitution foncière, travaux qui devaient être entrepris immédiatement après la publication du décret d'administration publique qui, aux termes de l'article 7 de la loi du 4 mars 1919, devait être rendu dans un délai de six mois après la promulgation de ladite loi. Le temps écoulé depuis la constitution du Service jusque dans les premiers mois de 1920 a été occupé à la constitution de la documentation nécessaire aux opérations de reconstitution foncière en vue desquelles le Service a été créé.

Le Service de la Reconstitution foncière et du Cadastre a vu ses attributions accrues par le décret du 5 février 1920 qui l'a chargé de fournir la documentation nécessaire à l'étude des plans d'aménagement et d'extension ainsi que de l'exécution des travaux de nivellement dans les localités détruites. Jusqu'à la mi-juillet, le Bureau administratif a dû assumer seul l'exécution des travaux incombant à ce nouveau Service et ce n'est qu'à cette époque qu'un adjoint technique a été désigné par le ministre. De nouveaux agents pris parmi les conducteurs des Ponts et Chaussées ou parmi les employés du Service vicinal des départements non envahis doivent prochainement constituer les cadres de ce Service, mais ils ne sont pas encore désignés.

Le Bureau administratif s'est livré à une double enquête dans toutes les communes du département. Ces enquêtes ont eu pour but :

1° De déterminer les terrains visés par la loi du 29 avril 1919, relative au maintien à titre définitif des travaux publics établis pendant la guerre;

2° De faire connaître les communes où, par suite de la disparition générale des limites de parcelles, la loi du 4 mars devait recevoir son application.

Le Service a ensuite établi, pour une partie des communes où les limites des parcelles sont, d'une façon générale, bouleversées ou confondues et où des travaux de reconstitution foncière seront certainement entrepris, toute une documentation préliminaire comprenant :

a) Les calques des plans cadastraux;

b) Les fiches parcellaires présentant pour chaque parcelle ou fraction de parcelle appartenant à des propriétaires différents le nom du propriétaire, la lettre de la section, le numéro du plan, le lieudit et la contenance imposée;

c) La liste alphabétique des propriétaires compris dans les sections de communes ravagées par la guerre.

Il a fait reproduire, par le Service géographique de l'Armée et par la Maison Dorel, les tirages d'une partie des calques qu'il avait établis.

Le Bureau topographique s'est livré à des recherches en vue de reconstituer les points géodésiques disparus au cours de la guerre et a établi, dans une zone assez étendue au nord de Laon, une triangulation et des cheminements sur lesquels il sera possible d'appuyer une triangulation cadastrale nécessaire à la délimitation et au remembrement de la propriété foncière.

Documentation préalable aux travaux de reconstitution foncière.

Le nombre des communes dont on possède les calques est de 132, et le nombre des communes dont on possède les tirages est de 73. On a dépouillé les matrices cadastrales de   communes pour l'établissement des fiches parcellaires, puis l'on a constitué 33 états de sections et 39 listes alphabétiques de propriétaires; enfin, pour 15 communes on a transcrit sur collection du plan cadastral les noms des propriétaires sur chacune des parcelles leur appartenant.

Création de commissions communales.

Le nombre des commissions définitivement constituées est actuellement de 41. Dans 14 communes de la zone rouge, vu le petit nombre d'habitants rentrés, les commissions communales n'ont pu être constituées et ont été remplacées par des commissions spéciales.

Travaux de reconstitution foncière.

Seize commissions se sont prononcées sur la nature des travaux à exécuter sur le territoire des communes qu'elles représentent. L'une d'entre elles a déclaré que le territoire n'avait pas été bouleversé d'une façon générale et que la loi du 4 mars 1919 n'était pas applicable. Elles ont demandé un remembrement général et 4 se sont prononcées pour le simple rétablissement des limites d'avant-guerre.

En vue des travaux de remembrement, on a entrepris le levé planimétrique de 8 communes, comprenant le levé des limites intercommunales, des voies de communication de toutes natures, des ruisseaux, talus, rideaux d'arbres pouvant servir de limites à un nouveau lotissement. Des marchés sont en voie de passation pour l'exécution des travaux réclamés par les commissions communales. Le Service se réserve de procéder par ses propres moyens au remembrement de 2 communes afin de se documenter sur les difficultés de réalisation des travaux.

Délimitation de la zone rouge.

Une circulaire en date du 13 mars a prescrit une nouvelle délimitation des terrains susceptibles d'être rachetés par l'État. 12 commissions communales et 4 commissions spéciales ont été réunies à cet effet, et les documents relatifs à l'enquête ont été déposés dans 8 communes. Pour 12 communes, des plans directeurs au 1/10000e, sur lesquels ont été reproduites les limites de la zone rouge, ont été adressés à M. le directeur général des Services techniques afin de permettre la remise en état de culture des terres pour lesquelles le rachat n'a pas été prévu.

Opérations du Bureau topographique militaire.

Un opérateur de ce Bureau a été chargé du piquetage de la zone rouge et de la délimitation de cette zone sur le plan cadastral; deux autres opérateurs avaient reçu mission d'effectuer le plan planimétrique des communes de Châtillon-lès-Sons et de Sons et Ronchères, mais le levé de ce dernier plan a dû être abandonné par suite du départ de l'opérateur.

Le Bureau topographique a, en outre, déterminé 96 points géodésiques et il a levé et calculé 42 kilomètres de cheminements.

Opérations exécutées pour le Service des plans d'alignements.

Depuis la constitution de ce service on a eu à établir les calques et tirages des plans de diverses localités, plans qui étaient réclamés par le Service d'architecture; on a effectué des enquêtes dans les cantons de Château-Thierry, Neuilly-Saint-Front, Guise, Bohain, Sains-Richaumont et Vermand, à l'effet de se documenter sur l'état de destruction des localités ainsi que sur l'avancement des travaux de déblaiement; on a dû, en outre, établir des statistiques diverses concernant les 547 communes désignées dans les arrêtés préfectoraux (périmètres des localités, pourcentage des destructions, nature des plans existants, etc.).

CHAPITRE VII

L'OFFICE DE RECONSTITUTION INDUSTRIELLE

Au lendemain de l'armistice, l'Office de Reconstitution industrielle qui, depuis la création (6 août 1917), avait étudié, de concert avec les industriels des régions envahies, les grandes bases de l'œuvre de reconstitution, entre dans l'ère de réalisation qui promettait d'être féconde, grâce à ces travaux préparatoires.

Avec une rapidité à laquelle les prodiges accomplis pendant les hostilités nous avaient accoutumés, les secteurs destinés à apporter sur place aux industriels sinistrés l'aide et les conseils utiles à leur reconstitution, s'organisent.

Le 3e secteur comprend tout d'abord dans son rayon, les départements de l'Aisne, l'Oise, la Somme et la Marne, il est formé dès les premiers jours de décembre 1918.

Alors que la ville de Laon ne comptait encore que quelques habitants, le chef de ce secteur y arrivait pour y installer ses services le 28 décembre avec un certain nombre de collaborateurs.

L'état dans lequel se trouvait le département de l'Aisne est résumé dans un passage du rapport que M. Louis Dubois, député du département de la Seine, présenta le 28 décembre 1918, à la Chambre des Députés : « Nos usines dynamitées, amas informes de moellons, de briques, de fer tordu, de machines brisées ou de carcasses vides ouvertes à tous les vents. »

L'œuvre de reconstitution à accomplir se présentait donc comme formidable. Pour la réaliser, les moyens dont on disposait étaient restreints et de sérieuses difficultés s'opposaient à leur mise en action.

Pour reconstruire, matières premières, matériel et outillage devaient être apportés du dehors, et les dommages subis par les moyens de transports étaient d'une particulière gravité et restent encore à l'heure actuelle une question des plus troublantes de l'œuvre de reconstitution.

Des difficultés d'ordre moral s'ajoutaient encore à ces difficultés d'ordre matériel, car l'incertitude dans laquelle la législation hésitante des dommages de guerre laissait les sinistrés paralysait l'initiative privée. Sans se laisser intimider par toutes ces difficultés, le 3e secteur se met à l'ouvrage.

Pour éviter les démarches lentes et onéreuses aux industriels, il crée tour à tour les sous-secteurs suivants dans les principaux centres industriels :

1er février	1919,	sous-secteur	de Saint-Quentin.
1er mars	—	—	de Soissons.
7 mars	—	—	d'Hirson.
1er mai	—	—	de Laon.
1er juillet	—	—	de Chauny.
1er juillet	—	—	de Guise.
1er septembre	—	—	de Château-Thierry.

Grâce à ces organismes détachés sur place dans des conditions d'un confort sur lequel il est inutile d'insister, les vérifications des constats, les contrôles et des devis estimatifs de dommages de guerre, les ouvertures de crédits inscrites aux comptes des industriels s'accélèrent avec une rapidité dont témoignent les chiffres ci-dessous :

Nombre d'industriels auxquels des comptes ont été ouverts à la date du 31 août 1920 : 2.496.

Montant des sinistres correspondants (valeur 1914) : 630.088.014 francs.

Montant correspondant à la valeur actuelle avec coefficient 4 : 2.520.352.057 francs.

Après le vote de la loi sur les dommages de guerre et grâce aux travaux ci-dessus indiqués, le chiffre des avances dont le régime se développe progressivement s'accroît d'une façon continue.

C'est ainsi qu'au 1er août 1920, les paiements en espèces effectués sur les crédits ouverts s'élevaient à 267.282.031 francs et la valeur des cessions en nature sur les mêmes crédits se montaient à 231.714.635 francs, soit un total (payé en espèces ou en nature) de 498.996.666 francs.

Au bout de quelques mois, il apparaît que la création d'entrepôts dans lesquels les sinistrés pourraient trouver sur place les matériaux et les machines destinés à la reconstitution, devient nécessaire.

Avec des moyens de fortune dont la précarité pourrait étonner, le 3e secteur installe successivement à Laon, Saint-Quentin, Soissons, Chauny et Hirson des magasins reliés pour la plupart avec les embranchements particuliers munis des appareils de levage et hangars reliés et desservis par un réseau de voie de 60 centimètres.

L'approvisionnement de ces magasins est assuré par la liquidation des stocks, les services de récupération et par l'industrie privée.

Pour permettre la reconstitution des immeubles industriels, les magasins de ce secteur s'assuraient des prévisions portant sur les quantités suivantes :

Chaux . .	4.000 tonnes	Zinc de couverture.	200 tonnes
Plâtre . .	600 —	Bois débité	70.000 mètres cubes
Ciment. .	4.000 —	Parquets en bois. .	74.000 mètres carrés
Tuiles . .	2.200.000 —	Verres à vitres . .	65.000 — carrés
Ardoises .	865.000 —	Mastic	60 tonnes

Plus un large approvisionnement de matériel électrique, de matériaux (cuivre, plomb, étain et produits réfractaires, d'huile et de graisses diverses, etc.).

Tous ces machines et matériaux sont cédés aux industriels à valoir sur les dommages de guerre, sans autre formalité que la délivrance d'un permis de cession émanant du chef de secteur dont ils relèvent.

Le Service de ces magasins loue également aux mêmes sinistrés des moteurs et des machines permettant de produire soit leur force motrice, soit leur lumière avec des moyens provisoires, à l'appui desquels des installations définitives peuvent s'opérer.

Au 1er août 1920, 7.930 livraisons ont été assurées par ces magasins.

De plus, le Service de Récupération au secteur chargé de rechercher et de restituer à leur propriétaire le matériel enlevé par l'ennemi a réussi à grouper à ce jour 6.816 tonnes de ce matériel représentant une valeur approximative de 8.280.000 francs.

A noter également que ce service, chargé des ventes de mitrailles provenant de déblaiement d'usines, arrive à un chiffre mensuel de vente oscillant entre 2.600.000 à 2.700.000 francs.

Tous ces différents travaux ont produit des résultats dont la lecture des exposés qui vont suivre donnera une idée exacte. Pour rendre plus claire cette documentation, la situation de la reconstitution a été sériée par région, chacune de ces régions représentant un sous-secteur de l'Office de la Reconstitution industrielle.

Sous-secteur de Saint-Quentin.

L'industrie de la région de Saint-Quentin était représentée principalement par :

1º La fabrication textile.
2º L'industrie sucrière.
3º La construction mécanique.
4º La fabrication des matériaux de construction.
5º Les brasseries et distilleries.

Les principaux centres ouvriers étaient :

1º *Saint-Quentin*. — Où sont groupées une partie des industries précitées et en premier lieu, plus de quinze grands établissements de filature, tissage, broderie mécanique, guipure, rideaux, blanchisseries et apprêts pour tissage.

Une série d'ateliers moins importants complète la branche textile de cette ville.

Deux grands ateliers de constructions mécaniques, une douzaine d'autres ateliers ou fonderies d'importance moyenne font de Saint-Quentin un centre sidérurgique assez important qui construisait principalement avant la guerre le matériel de sucrerie, des chaudières, des moteurs à explosion, des métiers à broder, des pompes centrifuges, des appareils de chauffage, transmissions, etc.

2º *Bohain*. — Deuxième centre industriel de l'arrondissement où prédominait le tissage à mains, était un petit Lyon, où l'on pouvait trouver les meilleurs tisseurs du monde, les articles les plus variés et dont l'exécution de quelques-uns ne pourrait être confiée qu'à de véritables artistes en matière de tissage à mains.

Les tissus d'ameublement, velours, tapis, haute laine, tissus fantaisie, laine et soie se trouvent couramment à Bohain.

Plusieurs usines mécaniques importantes parmi lesquelles il faut citer les maisons Lorthois, manufacture de tissus de Picardie, Blondiaux, Séguret et Thabut, Lohvenson, Jonqouy, Dubly, etc..., fabriquaient surtout des tapis, des tissus robe et nouveautés, ainsi que des tissus genre astrakan.

Dans la campagne environnante, une très grande quantité de métiers à mains travaillent pour les gros industriels.

Il faut encore mentionner à Bohain une importante tuilerie mécanique et une fabrique de câbles électriques.

3º *Montbrehain*. — Représente spécialement la broderie mécanique, dont la reconstitution presque complète est due en grande partie à l'initiative et à l'activité de M. Hazard, maire de cette localité.

4º *Beaurevoir*. — Est le centre de la broderie à bras, la broderie mécanique commençait également à s'y développer (15 à 20 métiers fonctionnaient en 1913).

5° *Fresnoy-le-Grand*. — Centre intéressant où se fabriquent surtout des couvre-lits, châles, cachemires et mérinos. On y trouve également une fabrique de soie artificielle et un tissage d'articles riches pour ameublement.

6° *Seboncourt*. — De nombreux métiers à tisser à bras et une usine de tissage mécanique.

En résumé, cette région Nord de Saint-Quentin, s'inspirant de la fabrication de Plauen (Allemagne) et de Saint-Gall (Suisse), les deux grandes cités textiles de la broderie, avait su créer un genre intermédiaire de fabrication bien à elle et qui avait avant la guerre une grande prospérité.

7° À l'est de l'arrondissement, Origny, avec sa fabrique de ciments Portland d'une capacité journalière de 150 tonnes, et ses manufactures de modes importantes, constituait avec Lucy et Ribemont une intéressante agglomération ouvrière.

8° Les sucreries étaient nombreuses, mais on trouvait les principales à Flavy, Montescourt, Chevresis-Monceau, Grand-Seraucourt, Villers-Saint-Christophe.

Situation industrielle à l'armistice.

L'inventaire à cette date est excessivement simple et très peu supérieur à zéro : des bâtiments, matériel et outillage, matières premières, il ne restait rien.

Dans tout l'arrondissement, on a pu retrouver un moteur qui, après une réparation importante, fut remis en marche en mai 1919.

Dans l'ensemble, il paraît être optimiste de dire qu'il restait :

10 % des immeubles;

1 % du matériel mécanique, 10 % du matériel bois;

Aucune matière première.

Ajoutons à ceci la destruction presque complète des éléments permettant une vie possible aux ouvriers et notons que certains déblaiements très conséquents étaient une sérieuse entrave de plus à la reconstitution.

Situation au 2 septembre.

Les industries remises le plus facilement en route furent évidemment les entreprises de bâtiments, les entreprises de transports qui ont, dès la fin de 1919, pris à peu près l'importance qu'elles avaient en 1914.

1° Actuellement sont en marche :

1.500 métiers à tisser à bras;
  125 métiers à tisser mécaniques;
   12 métiers à broder 10 yards;
   15 métiers à broder 15 yards;
   10 métiers à guipure de 15 mètres;
    2 métiers à tulle;
   25 métiers divers pour préparation de tissage : machine à piquer les cartons, ourdissoirs, bobinoirs, pareuses et encolleuses;
   40 scieries et menuiseries;
   73 briqueteries, fours flamands;
    3 briqueteries, fours continus;
    1 tuilerie;
    4 fabriques de chaux;
    1 fabrique de brosses;
    3 fonderies de fonte;
    2 fonderies de bronze;
   20 ateliers de constructions mécaniques divers, dont l'un emploie 150 ouvriers;
    1 fabrique de câbles électriques;
    5 imprimeries;
    5 brasseries.

2° Sont dans un état très avancé les importants établissements suivants :

La fabrique de ciments d'Origny, dont le déblaiement a coûté plus d'un million, qui compte commencer sa fabrication en septembre et atteindre rapidement sa production d'avant-guerre.

Les Ateliers la Société anonyme des Constructions mécaniques de Saint-Quentin, totalement détruits et qui ont déjà dépensé 1.200.000 francs en immeubles et reçu 3 millions d'outillage.

Les importants établissements textiles David Maigret, Trocme, Daltroff, Trèves, Sébastien, totalement disparus et qui ont déjà quelques éléments de fabrication, vont voir leurs travaux de bâtiments bientôt terminés.

Seules, les sucreries, qui dans l'ensemble ne représentaient qu'un monceau de ferrailles, et qui d'une part, sont intimement liées à la récolte de betteraves et, d'autre part, suivent un nouveau programme de reconstitution, n'en sont encore qu'à la première période de reconstruction. Des travaux importants groupant diverses sucreries sont en cours à Ham, limite de l'arrondissement de Péronne à Saint-Quentin.

Une autre partie des dommages sucriers, sous l'impulsion de M. Sébline, est réemployée en d'intéressantes industries nouvelles dans la région de Montescourt, en particulier, où déjà s'édifierait la construction d'une fabrique de pâtes alimentaires, une fabrique de roulement à billes et une fabrique de charpentes métalliques.

Sous-secteur d'Hirson.

L'industrie de la région d'Hirson était représentée par les branches suivantes :

Fonderies;
Boulonneries;
Constructions mécaniques;
Usine de couverts;
Tanneries;
Raffineries de corps gras;
Cartonnerie;
Ferronnerie;
Verreries;
Vanneries;
Scieries;
Fabrique de chaussures.

Étant donnée l'importance de la reprise de l'activité industrielle de ce sous-secteur (c'est en effet dans cette région que le pourcentage de cette reprise est le plus élevé), il a été jugé utile de donner ici une liste des principales exploitations et leur situation actuelle en comparaison avec leur état à l'armistice.

BOULONNERIE

Boccard, à Saint-Michel. — À l'armistice : sabotée et pillée; avait été transformée en équarrissage.

Au 1er septembre : marche partiellement et occupe 35 ouvriers. Déblaiement totalement effectué. Matériel reconstitué en partie.

BROSSES ET PINCEAUX

Loiseaux, à La Capelle. — A l'armistice : matériel enlevé; intérieur des bâtiments et toitures endommagés.

Au 1er septembre : immeubles reconstitués totalement. Matériel remplacé en grande partie. Marche partielle avec 110 ouvriers et ouvrières.

FONDERIES

Société des Fourneaux Briffault, à Effry. — A l'armistice : matériel enlevé, bâtiments détériorés.

Au 1er septembre : immeubles totalement déblayés et reconstitués. Matériel remplacé presque en totalité. Marche partiellement et occupe actuellement 130 ouvriers.

Anceaux et Cie, à Saint-Michel. — A l'armistice : matériel enlevé. Une partie des bâtiments incendiée. Le reste est très abîmé.

Au 1er septembre : un gros effort a été fait et les immeubles sont en partie reconstitués. Le matériel est en voie de reconstitution. Un cubilot en marche sur trois. Marche partiellement avec 60 ouvriers.

Nanquette et Cie, à Saint-Michel. — A l'armistice : matériel abîmé ou disparu. Toiture des bâtiments détériorée.

Au 1er septembre : usine totalement reconstituée. Nombre d'ouvriers occupés : 200.

Fonderies Delattre et Frouard. — Division de Sougland.

A l'armistice : matériel enlevé ou détruit. Une partie des bâtiments brûlée ou détruite.

Au 1er septembre : cette usine, complètement sabotée par l'ennemi, est une de celles dont la reconstitution rapide, quoique de longue haleine, doit être citée en exemple. Immeuble et matériel sont en voie de reconstitution complète et le nombre d'ouvriers occupés actuellement témoigne de l'activité qui ne cesse d'y régner. Marche partiellement avec 534 ouvriers.

Fonderies d'acier et de fonte d'Hirson. — A l'armistice : une partie du matériel enlevé. Bâtiments un peu endommagés.

Au 1er septembre : immeuble partiellement reconstitué et matériel en voie de reconstitution. Un gros effort a été accompli. Marche partiellement avec un cubilot pour la réfection de leur matériel Personnel. 54 ouvriers occupés.

CONSTRUCTEURS MÉCANICIENS

Veuve Garin, à La Vallée-aux-Bleds. — A l'armistice : matériel enlevé ou abîmé. Une partie de la toiture détruite.

Au 1er septembre : immeuble réparé. Matériel reconstitué. Actuellement en pleine marche avec 80 ouvriers.

Usine de Couvers, Devouge, à Hirson. — A l'armistice : matériel enlevé ou abîmé. Bâtiments un peu détériorés.

Au 1er septembre : matériel totalement reconstitué et immeuble réparé en partie. Marche partiellement avec 70 ouvriers.

TANNERIE

Hootele, à Hirson. — A l'armistice : presque tout le matériel enlevé ; batiments en partie détruits.

Au 1er septembre : en voie de reconstitution.

RAFFINERIE DE CORPS GRAS

Penant, à La Capelle. — A l'armistice : une partie du matériel disparue. Bâtiments un peu détériorés.

Au 1er septembre : immeuble et matériel reconstitués. Actuellement en pleine exploitation avec 27 ouvriers dont le nombre est susceptible d'être augmenté.

CARTONNERIE

Rathler, à Voulpaix. — A l'armistice : matériel enlevé . Bâtiments endommagés.

Au 1er septembre : en voie de reconstitution. Marche partielle avec 15 ouvriers.

FERRONNERIE

Veuve Leduc, à Hirson. — A l'armistice : matériel enlevé. Bâtiments endommagés.

Au 1er septembre : immeubles et matériel totalement reconstitués. En pleine activité. Marche avec 62 ouvriers. Ce nombre est susceptible d'augmentation.

VERRERIES

Larcier, au Nouvion. — A l'armistice : matériel disparu. Bâtiments en bon état.

Au 1er septembre : totalement reconstitué. Ouvriers occupés : 176.

Tissier, à Wimy (Verreries de Quinquengrogne). — A l'armistice : matériel presque totalement disparu. Peu de dégâts aux bâtiments.

Au 1er septembre : totalement reconstitué. Ouvriers occupés : 350.

Verreries d'Hirson. — A l'armistice : matériel enlevé. Bâtiments détériorés.

Au 1ᵉʳ septembre : en partie reconstitué. Ouvriers occupés : 280. Ce nombre n'est pas en rapport avec la production normale de cette firme, qui n'arrive pas à se procurer le personnel ouvrier nécessaire par suite de la crise des logements.

FABRIQUES DE CHAUSSURES

Alliance Cordonnière, à Saint-Michel. — A l'armistice : matériel enlevé. Bâtiments détériorés.

Au 1ᵉʳ septembre : totalement reconstitué. Ouvriers ou ouvrières occupés : 65. Susceptible d'augmentation.

Avril, Abbaye de Saint-Michel. — A l'armistice : matériel enlevé. Bâtiments très endommagés.

Au 1ᵉʳ septembre : totalement reconstitué. Ouvriers et ouvrières occupés : 50; susceptible d'augmentation.

VANNERIES

Tellier et Richet, à Étréaupont. — A l'armistice : matériel abîmé. Bâtiments détériorés.

Au 1ᵉʳ septembre : totalement reconstitué. 12 ouvriers occupés.

Larmuzeau, à Origny (Consortium de la Vannerie). — A l'armistice : matériel disparu. Bâtiments très endommagés.

Au 1ᵉʳ septembre : en voie de reconstitution; marche partielle avec 150 ouvriers et ouvrières.

Gillet, Douvin et Catillon, à Étréaupont. — A l'armistice : une partie du matériel disparue. Bâtiments peu endommagés.

Au 1ᵉʳ septembre : totalement reconstitué. Ouvriers occupés : 12.

SCIERIES

Bouillard, à Hirson. — A l'armistice : grande partie du matériel abîmé ou disparu. Bâtiments endommagés.

Au 1ᵉʳ septembre : matériel reconstitué en partie. Marche partiellement avec 25 ouvriers.

FILATURE ET TISSAGE

En ce qui concerne le groupe des filatures, tissages de la région, seul le Comptoir de l'Industrie linière à Vervins est en marche partielle avec 80 ouvriers.

L'immeuble et le matériel sont reconstitués en partie.

Quant aux autres firmes dont ci-dessous nomenclature :

Jonniaux, filature à Hirson;
Doyen et Cie, filature à Mondrepuis;
Barthélemy, filature de Bellevue, à La Capelle;
Lemaire fils et Taquet, tissage, à Esquehéries;
—   filature, au Nouvion;
Drancourt (Daniel), tissage, à Voulpaix;
Lalande (Marcel), tissage, à Saint-Michel.
Hauet (Albert), tissage, à Boué;
Hauet (Albert), filature, à Esquehéries,

la plupart sont totalement reconstituées et trois d'entre elles :

La filature Doyen et Cie, à Mondrepuis;
—   La Capelloise, à La Capelle;
Le tissage Lalande, à Saint-Michel,

se remettront en marche partielle d'ici trois semaines. La remise en marche des six autres tissages et filatures ne saurait être envisagée que vers fin de l'année; toutefois le matériel et l'immeuble sont reconstitués pour la plupart d'entre eux et seul le manque de matières premières pourrait en éloigner la date de remise en marche.

A noter que toutes ces usines se trouvaient presque totalement anéanties.

Sous-secteur de Chauny.

Centre de Chauny, Tergnier, La Fère, Saint-Gobain, Coucy-le-Château. — Cette région est traversée par la ligne Hindenburg qui passe à proximité de La Fère, Saint-Gobain, Coucy-le-Château et Folembray. Ces trois dernières localités ont été détruites principalement par le feu de l'artillerie. Chauny et Tergnier ont au contraire été rasées volontairement par l'ennemi.

Dans toute la région, la destruction des usines fut absolue, et il n'a été possible de récupérer aucun ensemble industriel, mais seulement quelques machines, d'ailleurs gravement endommagées.

Les bâtiments industriels ont subi un sort identique et ceux qu'il est possible de réparer sont l'infime minorité.

État des principaux établissements avec le montant des dommages subis
par eux évalués au 30 juin 1914

ÉTABLISSEMENTS et LOCALITÉS	NATURE de PRODUCTION	ÉTAT AU JOUR de L'ARMISTICE
Industrie chimique		
Soudière de Saint-Gobain Chauny à Chauny. . .	Acide sulfurique et ses dérivés.	Destruction complète.
Usine Lambert à Chauny.	Produits chimiques.	do
Usine Lufbery & Chardonnier à Chauny. . .	Caoutchouc factice.	Quelques bâtiments, quelques machines réparables.
Société Colles et Gélatines à Chauny	Gélatine	do
Industrie sucrière et distillerie		
Usine Ternynck à Chauny	Sucreries.	Destruction totale.
Usine Sailly et Co à Tergnier	Raffinerie de sucre.	do.
Usine François à Quessy.	do	do
La Couronne à Fargniers.	Distillerie. .	Quelques machines récupérables.
Sucrerie Franco-Belge à Blérancourt	Sucrerie	Bâtiments réparables. Matériel détruit.
Usine du Mont Rouge à Berteaucourt.	Sucrerie.	do
Industrie métallurgique.		
Société des Produits alumineux à Mennessis .	Alumine et ses dérivés.	Destruction presque totale
Établissement Japy à Beautor.	Aciéries.	Destruction totale.
Établissements Broglin à Chauny	Fonderie de fonte.	Bâtiments et matériel réparables.
Établissements Mignot à Chauny	Fonderie de bronze.	Destruction totale.
Établissements Massicot à Chauny	Construction mécanique.	Destruction presque totale
Établissements Maguin à Charmes.	Construction mécanique.	Quelques bâtiments réparables.
Établissements Tanchon à Chauny	Machines agricoles.	Bâtiments réparables.

ÉTABLISSEMENTS et LOCALITÉS	NATURE de PRODUCTION	ÉTAT AU JOUR de L'ARMISTICE
Établissements Roffo à Chauny	Machines agricole .	Bâtiments réparables.
Établissements Letroteur à Chauny	do	do
Industrie des matériaux de construction.		
Société des Grès de Chauny à Chauny . .	Briques silico-calcaires	Bâtiments et machines peu détériorés.
Briqueterie Dufresne à Chauny	Briqueterie continue.	Détruite.
Industrie du verre.		
Glacerie de Saint-Gobain à Saint-Gobain. . . .	Glaces brutes.	Quelques bâtiments, fours réparables.
Glacerie de Chauny à Chauny	Finissage des glaces de Saint-Gobain.	Destruction complète.
Verrerie de Folembray à Folembray.	Verrerie bouteilles et isolateurs.	Deux fours réparables.
Société La Perle à Chauny	La perle de verre.	Quelques bâtiments, quelques machines réparables.

Situation actuelle.

Au 1er septembre 1920, la situation s'établit ainsi : la plupart des usines ont été déblayées, quelques-unes sont en cours de déblaiement.

La soudière de Chauny est sur le point de produire (acide sulfurique, sulfate de soude et dérivés). L'installation des fours à sulfate et des chambres de plomb se poursuit rapidement, ainsi qu'une très importante installation destinée à la production des superphosphates.

La glacerie de Saint-Gobain a commencé à produire des verres de bâtiments (vitres, verres cathédrales, etc...) La fabrication des glaces qui s'effectuait autrefois, partie à Saint-Gobain, partie à Chauny, sera transportée à Chantereine, près Thourotte, dans le département de l'Oise, où une immense usine commence à sortir de terre.

La glacerie de Chauny, supprimée, devient de ce fait une annexe à la Soudière qui y établit sa fabrication d'engrais chimiques.

La Compagnie de Saint-Gobain a donc tiré de la destruction à peu près totale subie par ses usines de la région, le meilleur parti possible en regroupant ses exploitations.

Elle sortira de la tourmente grandie, avec une usine de plus.

La verrerie de Folembray suit la même ligne de conduite. A la place des bâtiments construits successivement les uns à côté des autres pendant deux siècles, s'élève maintenant une splendide usine en ciment armé, qui d'ici quelques semaines, sera en état de produire.

L'usine Lufbery et Chardonnier poursuit très activement sa reconstruction.

L'usine Tanchon, relativement peu éprouvée, fut l'une des premières à rentrer en activité; mais sous la forme de Société de Constructions métalliques de l'Aisne, elle se consacre actuellement à la construction et au montage des hangars métalliques, notamment pour l'agriculture. On sait que le problème de l'engrangement des récoltes a été un temps quelque peu angoissant. Cette Société y a porté solution pour une part notable dans la région.

La Société des Grès de Chauny et la briqueterie Dufresne sont également parmi les premières à avoir retrouvé leur activité d'avant-guerre.

Mais la place d'honneur doit revenir à l'usine de La Perle, dont la destruction fut presque totale et qui, malgré l'absolue spécialisation de son matériel et de son personnel, est parvenue à fonctionner d'une manière presque normale dès le début de 1920.

La fonderie Broglin est en activité presque normale.

L'usine Japy de Beautor se reconstruit rapidement.

L'industrie sucrière et la distillerie, par contre, n'ont encore manifesté que peu d'activité, mais surtout pour des raisons économiques. Les fabricants de sucre de Chauny : MM. Ternynck, ont porté tous leurs efforts sur la reconstitution agricole de leur domaine, estimant que celle-ci devait précéder logiquement la reconstitution industrielle. Ils ont obtenu ainsi une belle récolte de céréales et préparé utilement leur sol à recevoir ultérieurement de la betterave.

Ce ne sont là que les principaux exemples. Il serait long, fastidieux et inutile d'énumérer toutes les exploitations en cours de reconstitution ou ayant recommencé à produire. Les petits industriels, notamment, les artisans même, ont fait preuve de beaucoup d'énergie, quoique ayant à leur disposition des facilités moindres que les grosses firmes.

Enfin, dans quelques semaines la Compagnie électrique du Nord

sera en mesure de distribuer du courant, ce qui améliorera sensiblement la situation.

Sous-secteur de Soissons et Château-Thierry.

Dans la région de Soissons, dont la dévastation est devenue légen-
daire, on peut dire qu'à ce jour presque toutes les petites industries
locales fonctionnent, notamment les carrières, grevières, les entreprises du bâtiment, les briqueteries et fabriques d'agglomérés, petites
industries agricoles et alimentaires et petites industries métallurgiques.

ÉTABLISSEMENTS et LOCALITÉS	ÉTAT à L'ARMISTICE	ÉTAT au 1er SEPTEMBRE 1920
Sucrerie de Noyant-Aconin, à Noyant-Aconin.	Partiellement détruit.	Reconstruit; fabriquera du sucre au 1er octobre 1920.
Beauchamps fils, Waeles & Co, distillerie, à Bucy-le-Long.	Totalement détruit.	En cours de construction (bâtiments, machines et matériel); refonctionnement dans un an. Maisons ouvrières en cours de construction.
Beauchamps fils, Waeles & Co, distillerie, à Vauxrot.	do	Transformée en fabrique de matériaux de construction (agglomérés); fonctionne actuellement. Maisons ouvrières en construction.
Verrerie de Deviolaine, à Vauxrot.	do	Un four reconstruit; le château d'eau, maisons ouvrières reconstruits; fonctionnera en juin prochain.
Wolber, caoutchouc, à Soissons-Vailly	Partiellement détruit.	En réparations; remploi à Soissons
Paillerie de l'Aisne (fabrique de carton), à Venizel	Totalement détruit.	En reconstruction au cinquième.
Damy, secteur électrique, à Laversine.	Partiellement détruit.	Reconstruit et refonctionne.
Damy, moulin, à Laversine.	Totalement détruit.	Reconstruit à Soissons; fonctionnera en janvier 1920.

ÉTABLISSEMENTS et LOCALITÉS	ÉTAT à L'ARMISTICE	ÉTAT au 1ᵉʳ SEPTEMBRE 1920
Desmarais, huiles minérales, à Venizel	Partiellement détruit.	En reconstruction.
Gérard, forges, à Crouy.	Totalement détruit.	Fonctionne pour une partie; en pleine reconstruction.
Gérard-Bécuwe, appareils chauffage, à Vauxrot.	Détruit.	Va reconstruire.
Henry (Lucien), tannerie Saint-Médard, à Soissons.	Partiellement détruit.	Fonctionne; en partie reconstruit ; édifie des maisons ouvrières.
L'Immobilière de la Magdeleine, maisons ouvrières, à Soissons. . .	Détruit.	En reconstruction.
Piat et fils (Usine Piat).	Détruit.	Reconstruction commencée.
Kretschmar, métallurgie, à Soissons.	Partiellement détruit.	Reconstruit; travaille.
Bécret, minotier, à Braisne.	dᵒ	Reconstruit; produit.
Lafaverge, métallurgie, à Belleu.	dᵒ	Reconstruction en cours.
Sucrerie de Vierzy, à Vierzy.	dᵒ	Reconstruit.
Société des engrais, à Soissons.	Détruit.	En cours de reconstruction.
Société des Usines à gaz du Nord et Est, à Soissons.	dᵒ	En cours de reconstruction; donne du courant électrique provisoire.
Sucrerie de Maizy, à Maizy	dᵒ	Va commencer.
Sucrerie de Vic-sur-Aisne, à Vic-sur-Aisne	dᵒ	Non reconstruit.
Waendendries, meubles, à Soissons.	Partiellement détruit.	Reconstruit; fonctionne.
Zickel-Dehaitre, à Soissons.	dᵒ	Reconstruction faite; fonctionne.
Aubineau, sucrerie, à Ciry-Salsogne.	Détruit.	En reconstruction.

— Sous-secteur de Laon.

La diversité des industries existant dans cette région, comme d'ailleurs leur peu d'importance par rapport aux autres régions, ne permet pas d'établir d'autre travail que celui de la liste des industriels inscrits à l'Office de la Reconstitution industrielle avec l'état de leur exploitation à l'armistice et actuellement.

ÉTABLISSEMENTS et LOCALITÉS	ÉTAT à L'ARMISTICE	ÉTAT au 1er SEPTEMBRE 1920
Berlemont, constructions agricoles, à Corbeny. .	Complètement détruit.	Réinstallé à Beaurieux ; en marche particllement.
Démocratie de l'Aisne, imprimerie de Laon. .	Matériel disparu.	En marche particllement.
Baillia, brasserie, à Neufchâtel.	Complètement détruit.	Immeuble en reconstruction.
Baudoux, constructions agricoles, à Corbeny. .	do	Immeuble en reconstruction à St-Erme (gare).
Boucher, à Corbeny, fabrique de baratt s. . .	do	Immeuble en reconstruction à St-Erme (gare).
Chéry, brasserie et cidrerie, à Laon.	Immeubles détruits particllement ; outillage complètement détruit.	Reconstruction terminée ; marchera incessamment.
Courrier de l'Aisne, imprimerie, à Laon . . .	Immeubles détruits particllement ; outillage disparu.	En marche particllement.
Chomer, entrepreneur menuiserie et s rrurerie, à Laon	Outillage disparu.	En marche complètement.
Charlet, entrepreneur travaux publics et briqueterie, à Montcornet. .	Immeubles détruits particllement ; outillage disparu.	do
Duboc, contr. de machines agricoles, à Laon.	do	En marche particllement.
Deloffre, entrepr. trav. publics, à Laon. . . .	do	En marche complètement.
Delatroche, brasserie, à Laon	do	En marche particllement.
Usine électrique d'Agnicourt	Détruite complètement.	En reconstruction.
Dautigny, Melère & Co, tissage mécanique, à Sons-et-Ronchères . .	Immeubles détruits particllement ; outillage disparu.	En reconstruction.
Dufour, minoterie, à Chalandry.	do	do
Hochstrasser & Keller, tissage mécanique, à Marle	Immeubles et outillage détruits partiellement.	Marchera dans quatre mois.
Fournier, brasserie, à Tavaux	Immeubles détruits partiellement ; outillage disparu.	En reconstruction à Marle.

ÉTABLISSEMENTS et LOCALITÉS	ÉTAT à L'ARMISTICE	ÉTAT au 1ᵉʳ SEPTEMBRE 1920
Faucart, usine à gaz, à Laon	Immeubles détruits partiellement ; outillage disparu.	Reconstruit ; fonctionnera incessamment.
Gellée, constr. machines agricoles, à Crécy-sur-Serre	dᵒ	En marche partiellement.
Houdry, entrepr. trav. publics, à Laon	dᵒ	En marche complètement.
Hanicq, entrepr. trav. publics, à Laon	dᵒ	dᵒ
Iund, brasserie, à Liez	dᵒ	En reconstruction.
Jacquerye, entrepr. transports, à Laon	dᵒ	En marche complètement.
Jennepin, secteur électrique, à Chéry-lès-Rozoy	dᵒ	En reconstruction.
Lhottelain, entrepr. trav. publics et briqueterie, à Sissonne	dᵒ	En marche complètement.
Lejeune-Wolpert, brasserie, à Crécy-sur-Serre	dᵒ	En reconstruction.
Lemire, entrepr. trav. publics, à Crécy-sur-Serre	dᵒ	En marche complètement.
Labbez, meunier, à Crécy-sur-Serre	dᵒ	En reconstruction.
Maudens, entrepr. trav. public, à Marle	dᵒ	En marche complètement.
Morin & Cᵒ, fabrique de bois cintrés, à Rozoy-sur-Serre	dᵒ	dᵒ
Mennesson, fabrique de pressoirs, à Coucy-lès-Eppes	dᵒ	En marche partiellement,
Nanquette, chauffage central et chaudronnerie, à Laon	dᵒ	dᵒ
Noël, entrepr. menuiserie, à Laon	dᵒ	En marche complètement.
Poquet, briqueterie, à Crécy-sur-Serre	dᵒ	dᵒ
Peteux, constructeur de hangars agricoles, à Goudelancourt-lès-Pierrepont	dᵒ	dᵒ
Quin et Portier, briqueterie, à Corbeny	Détruit complètement.	En marche partiellement.

ÉTABLISSEMENTS et LOCALITÉS	ÉTAT à L'ARMISTICE	ÉTAT au 1er SEPTEMBRE 1920
Robert frères, briqueteries, à Crépy-en-Laonnois.	Immeubles endommagés; outillage disparu.	En marche complètement.
Veuve Radouille, briqueterie, à Montcornet . .	d°	d°
Veuve Sergeant, minoterie, à Marle.	d°	d°
Société industrielle de Crépy-en-Laonnois, briqueterie	d°	En marche partiel'ement.
Sucrerie de Montcornet, à Montcornet.	d°	En cours de reconstruction.
Sucrerie de Clermont-les-Fermes	d°	d°
Société « Laiterie Maggi », laiterie industrielle, à Grandrieux.	d°	En marche partiellement.
Trognon, scierie mécanique, à Laon.	d°	d°
Tablettes de l'Aisne, imprimerie, à Laon. . .	d°	d°

Sous-secteur de Guise.

Dans la région de Guise, le tableau ci-dessous permettra de connaître aussi exactement que possible l'état de toutes les industries y existant à l'armistice.

	DÉTRUITS INUTILISABLES	USINES PILLÉES, bâtiments inutilisables, matériel enlevé ou détruit	USINES DÉTÉRIORÉES, bâtiments et matériel inutilisables en partie
Industrie du bois.	»	13	
— du cuir.	»	2	
Force motrice et éclairage. .	»	5	
Métallurgie.	1	10	Néant.
Industries agricoles. . . .	7	51	
Textiles	6	14	
Entreprises.	9	2	
Divers.	1	»	

Au 1er septembre 1920, 80 % de ces différentes usines avaient repris entièrement ou partiellement leur exploitation.

En résumé, sur les *2.496* usines ou ateliers sinistrés dont les propriétaires ont un compte ouvert à l'Office de Reconstitution industrielle, on comptait, au 1er septembre, *455* établissements complètement remis en route et *943* dont la remise en marche n'était que partielle.

Le département de l'Aisne, dont l'industrie employait en 1914 66.057 ouvriers (dans les établissements occupant au moins 20 employés), enutilise actuellement un effectif de 19.655.

CHAPITRE VIII

LE SERVICE TECHNIQUE D'ARCHITECTURE

La période de début a été consacrée à l'organisation du Service, qui était à créer de toutes pièces. La tâche formidable qui en résultait a été accomplie en dépit des énormes difficultés en présence desquelles se sont trouvés les organisateurs :

1º État de dévastation du département de l'Aisne : il comptait, pour les seules communes urbaines, d'une part, 4.800 immeubles totalement détruits; d'autre part, 31.000 immeubles endommagés, dont la réfection devait être envisagée immédiatement pour permettre le retour des habitants et la reprise de la vie normale;

2º Le manque absolu d'entreprises privées et de matériaux;

3º L'insuffisance des moyens de transport;

4º Enfin, les difficultés de recrutement d'un personnel qualifié, composé de techniciens indispensables pour mener à bien une tâche aussi ardue.

Il y a donc lieu de considérer que l'action du Service technique d'Architecture s'est efficacement fait sentir, et je crois faire ressortir, par l'exposé ci-dessous, les résultats réellement obtenus depuis la création de ce service dans le département, depuis le 1er janvier 1919, date effective de sa création :

En raison de la création, en date du 1er juin, de subdivisions, une organisation nouvelle avait été étudiée, puis avait reçu un commencement d'exécution. Les prescriptions de la lettre nº 365, du 25 juin, de M. le ministre supprimant lesdites subdivisions et l'arrêté préfectoral du 15 juillet délimitant nettement les attributions de chaque service, une réorganisation définitive en ce qui concerne le S. T. A., soigneusement étudiée, est actuellement en cours d'exécution et, d'ores et déjà, il y a lieu d'en espérer de féconds résultats. L'on peut reconnaître, néanmoins, que les difficultés qu'ont engendrées ces modifications successives ont provoqué une perturbation qui a eu pour résultat immédiat un certain ralentissement dans l'instruction des affaires courantes.

Toutes mesures sont d'ailleurs prises pour enrayer ces retards et une reprise normale du Service est à envisager à très bref délai.

Avances en espèces.

Du 1er avril au 29 août, il a été instruit, par le S. T. A., 22.680 demandes d'avances, dont les propositions transmises au Service des Avances accusent un total de : 529.394.779f 89.

Demandes de matériaux.

En raison de l'activité déployée pendant la bonne saison en ce qui concerne les réparations définitives (*nombre approximatif de chantiers en cours : 14.500*), de nombreux travaux de réfection ont été entrepris ; par suite de la limitation des crédits et de la compression des dépenses, un grand nombre d'immeubles pour la réparation desquels des sommes importantes ont été dépensées vont rester inachevés. Il est absolument nécessaire de garantir les travaux de maçonnerie et de charpente déjà exécutés, au besoin par une couverture de fortune.

L'architecte en chef est d'avis que, dans l'intérêt général, il y aurait lieu, à la veille de la mauvaise saison, de mettre à la disposition des sinistrés, et notamment des agriculteurs, dans la plus large mesure possible, les matériaux indispensables à la couverture des bâtiments inachevés.

Examen des plans d'alignement et d'aménagement.

Nombre de communes assujetties à l'établissement d'un plan d'alignement 549
Nombre de communes subventionnées 149
Nombre de plans en cours d'exécution. 146
Nombre de plans soumis à l'enquête. 5

Série de prix.

En août 1919, il a été procédé à l'élaboration d'une série de prix complémentaire, imprimée par la maison Lahure, à Paris. Cette série indiquait, d'une part, les évaluations au mètre superficiel pour le calcul de la perte subie et celui des frais supplémentaires et, d'autre part, les coefficients détaillés et moyens par corporation, afférents aux séries locales.

En octobre et novembre 1919, il a été procédé à l'étude d'une série moyenne unique pour le département (valeur 1919), série qui aurait servi de base. Après examen, et en raison surtout de la situation du département au point de vue géographique, le Comité technique l'a rejetée.

En janvier 1920, il a été décidé que les cinq arrondissements conserveraient respectivement une série locale et un coefficient moyen par corporation, uniques pour les cinq arrondissements; mais, en mesure de la différence des bases, pour rétablir l'équilibre dans la mesure du possible, un abattement préalable aux prix de la valeur 1914 a été prévu.

Contrôle des acomptes sur dommages mobiliers.

Conformément à mes instructions en date du 20 mai, le S. T. A. a organisé provisoirement un service spécial relatif au contrôle des acomptes sur dommages mobiliers; 89 dossiers sont actuellement en cours d'instruction.

Conseils aux maires et aux sinistrés.

Le S. T. A. s'applique tout particulièrement à donner tous renseignements utiles qui lui sont demandés, à aider notamment les maires des petites localités, qui se plaignent souvent de l'immense labeur qui leur est imposé et des responsabilités qu'ils doivent assumer, et à résoudre les questions importantes : délivrance de l'autorisation de bâtir, établissement des plans d'aménagement, règlement d'hygiène, déblaiement, etc.

En outre, sur la demande de certains maires, des copies des plans cadastraux, en dépôt au bureau des Contributions directes, ont été exécutées par le S. T. A. et envoyées aux municipalités des communes ne possédant aucun document pour l'établissement de leurs plans d'alignement et d'aménagement.

CHAPITRE IX

LES SERVICES AGRICOLES

Durant le cours de la guerre, la direction des Services agricoles fut assurée jusqu'en 1916, date à laquelle le directeur alors en fonction fut mis à la retraite. La direction en fut confiée alors successivement à des professeurs d'agriculture, voire même à des fonctionnaires temporaires; cet état de choses ne fut pas, l'on s'en doute, sans inconvénients; et, lorsque le moment fut venu pour l'État de coopérer à la reconstitution agricole, partie des services relevait du ministère des Régions libérées, partie du ministère de l Agriculture : tous semblaient s'ignorer les uns les autres.

Ces faits amenèrent mon prédécesseur à insister vivement auprès de M. le ministre de l'Agriculture pour que la Direction des Services agricoles fût enfin pourvue d'une direction définitive, et, le 1er février 1919, la situation était stabilisée par la nomination d'un directeur des Services agricoles.

Cependant, la dualité du commandement existait toujours, avec les inconvénients qui en découlent. Elle exista jusqu'au 6 août, date à laquelle un décret plaça tous les services agricoles directement sous mon autorité. Actuellement, les Services agricoles sont rattachés à mon cabinet.

Au 1er février 1919, l'organisation des Services agricoles était des plus défectueuses. Seuls quelques employés, sous la direction d'un professeur d'agriculture, dans une installation de fortune, faisaient tous leurs efforts pour solutionner les dossiers d'avances des agriculteurs, sans arriver à suivre l'arrivée des demandes, qui se faisaient de plus en plus nombreuses. 2.000 dossiers seulement étaient solutionnés, alors que le nombre de dossiers déposés était voisin de 8.000.

Le régime des avances.

La question des avances étant primordiale, les agriculteurs ne pouvant pas reprendre leurs exploitations sans argent, toute l'attention des services s'est portée sur cette situation. Le premier soin de l'Administration fut donc d'apporter un secours financier aux exploitants rentrés, soit par l'application du régime des avances institué par la circulaire du 21 octobre 1918, soit par l'application de la loi du 4 mai 1918.

Dans l'application de la circulaire du 21 octobre 1918, le directeur des Services agricoles a été amené à formuler un avis sur les demandes présentées par les agriculteurs et à donner son appréciation sur le montant des avances à accorder, rôle qui devait être dévolu à une commission spéciale. Dès le printemps 1919, la rentrée des agriculteurs s'étant accélérée, les Services agricoles ont dû faire face à l'examen de nombreux dossiers.

Au mois de juin 1919, le retard était annulé et, depuis cette époque, le Service a pu solutionner les demandes au fur et à mesure de leur arrivée, compte tenu du temps nécessaire pour effectuer les enquêtes :

	NOMBRE de demandes	OUVERTURES de crédits en chiffres ronds
Au 14 mars 1919	3.400	80 millions.
Au 1er juin 1919.	10.000	192 —
Au 1er septembre 1919. . .	15.000	273 —
Au 1er janvier 1920	19.000	360 —
Au 1er avril 1920	24.000	418 —
Au 1er mai 1920.	25.200	441 —
Au 1er juin 1920.	26.000	458 —
Au 1er juillet 1920.	27.100	479,5 —

Les premières avances ont été attribuées en tenant compte de la superficie que les agriculteurs se proposaient de remettre en culture et en se limitant à la valeur 1914 des pertes subies.

Au 31 juillet 1920, 27.222 dossiers d'agriculteurs avaient été solutionnés, pour une ouverture de crédit totale de 484.829.000 francs.

Par circulaire en date du 28 septembre, M. le ministre a élevé le montant des avances à 2.000 francs par hectare, en prenant comme base d'appréciation la valeur de remplacement des biens détruits, déterminée en multipliant le montant des pertes subies par un coefficient fixé actuellement au chiffre 2. Ces nouvelles dispositions, adoptées sur mon intervention, ont donné satisfaction momentanée aux intéressés pour la mise en route de leurs exploitations.

Dès la connaissance de cette circulaire, les agriculteurs, qui avaient obtenu déjà des avances, ont sollicité l'attribution d'une nouvelle avance.

Toutefois, d'accord avec M. le chef des Avances, l'avis du directeur des Services agricoles est donné d'après les résultats de l'enquête faite sur place par les chefs de canton. Cette enquête a pour but de faire connaître les efforts qui ont été faits par l'agriculteur, la surface qu'il a remise en culture et l'utilisation agricole des sommes allouées. Les résultats permettent de sauvegarder les intérêts de l'État et de favoriser l'action de ceux qui font un usage agricole justifié des sommes mises à leur disposition.

Ce régime d'avance fut donc appliqué à tous les agriculteurs reprenant leurs exploitations d'avant-guerre. Toutefois, sur ma demande, la circulaire ministérielle du 12 avril 1919 a permis d'étendre le bénéfice du régime des avances aux propriétaires qui désirent exploiter directement leurs terres abandonnées par suite de la résiliation des baux et du départ de leurs fermiers d'avant-guerre. Le maximum d'allocation, dans ce cas, est de 1.000 francs par hectare.

La loi du 4 mai, dite loi Compère-Morel.

Les effets de l'application de la loi du 4 mai sur la mise en culture des terres abandonnées ne se sont pas fait immédiatement sentir dans la partie dévastée du département de l'Aisne.

La première délégation de crédit mise à la disposition du Comité départemental d'Action agricole remonte au 12 décembre 1918. Lorsque cette délégation de 4.500.000 francs fut attribuée sous forme de prêts sans intérêts aux particuliers, des démarches furent entreprises auprès de M. le ministre de l'Agriculture pour que les crédits soient renouvelés.

De nouveaux crédits constituant un montant de 7 millions ont été délégués ensuite à deux échéances : la première, le 30 août, pour 5.500.000 francs ; la deuxième, le 8 janvier, pour 1.500.000 francs. La dotation du département de l'Aisne pour la mise en culture des terres abandonnées s'est donc élevée à 11.500.000 francs, sur un crédit de 100 millions pour la France entière.

On peut estimer que cette somme, correspondant à des demandes qui intègrent une surface de 16.000 hectares, a contribué à la mise en culture effective d'au moins 10.000 hectares. Tels sont les résultats obtenus jusqu'à présent par l'application de la loi du 4 mai dans le département de l'Aisne.

Malheureusement, par l'épuisement des crédits, l'application de cette loi est définitivement suspendue, et M. le ministre de l'Agriculture a invité le Comité départemental d'Action agricole à ne plus consentir de prêts à partir du 31 mars 1920.

Avances en nature.

D'autre part, les agriculteurs ont été amenés à bénéficier d'avances en nature à valoir sur dommages de guerre, pour subvenir à leurs besoins les plus pressants, tels que chevaux, bétail, voitures, instruments de culture.

L'État a mis à leur disposition :

1° Les ressources qui étaient en excédent des besoins de l'armée française permanente;

2° Les ressources achetées aux armées alliées anglaises ou américaines;

3° Le bétail français évacué devant l'invasion, confié d'abord en vertu d'un bail à cheptel, puis cédé définitivement par la suite;

4° Le matériel récupéré dans les territoires libérés;

5° Les ressources que l'Allemagne doit livrer en remplacement de celles détruites par les événements de guerre et conformément aux dispositions du traité de paix.

La livraison aux intéressés a eu lieu en partie par les services chargés de la liquidation des stocks, ou par l'intermédiaire de la Société Tiers-Mandataire.

Enfin, l'État, par loi spéciale du 3 octobre 1917, créait l'Office de Reconstitution agricole, chargé de procéder aux achats d'instruments, d'engrais, de semences, et de les délivrer aux agriculteurs par l'intermédiaire des sociétés Tiers-Mandataires. Il espérait beaucoup de cet organisme pour faciliter la reprise de la vie agricole dans les régions libérées.

Société Tiers-Mandataire.

La Société Tiers-Mandataire fut créée au mois de décembre 1918. Elle était en somme l'organe commercial de l'Office de Reconstitution agricole dans les départements libérés et devait fournir aux agriculteurs le matériel, le cheptel, les engrais divers indispensables à l'exploitation.

Jusqu'au 2 avril 1919, le sinistré devait verser en compte à la Société Tiers-Mandataire, à charge par elle de lui fournir ce dont il avait besoin, la partie de ses avances à justifier; quatre dixièmes de l'avance accordée étaient donc payés au sinistré par le Service d'Avances en deux ou trois mandatements. Ces quatre dixièmes constituaient le fonds de roulement, les six autres dixièmes, ou fonds à justifier, étaient versés à la Tiers-Mandataire, sur lesquels elle fournissait à l'agriculteur les produits qu'il demandait jusqu'à épuisement de son dépôt.

Lorsque la Société ne possédait pas la marchandise demandée, l'agriculteur était autorisé à acheter dans le commerce, et la facture était réglée par la Tiers-Mandataire; si l'agriculteur avait payé, il se faisait rembourser sur production de factures.

Comme le remboursement se faisait dans un délai assez long et que, par suite, les agriculteurs ne pouvaient acheter faute de crédits, le ministre des Régions libérées, faisant droit aux réclamations justifiées des agriculteurs, décida, dans sa circulaire 87 du 2 août 1919, de laisser aux agriculteurs toute latitude d'utiliser au mieux les avances consenties. En un mot, depuis cette circulaire, l'agriculteur peut disposer à sa guise des avances à justifier, en me demandant le mandatement de tranches successives au fur et à mesure de ses achats.

Cette liberté de disposer à sa guise des avances sur fonds de roulement détermina l'agriculteur à acheter plutôt dans le commerce, quoique les prix soient plus élevés, parce qu'ainsi il achète suivant son goût. Toutefois, il pouvait puiser dans le stock de la Tiers-Mandataire; mais celle-ci, n'ayant plus de crédit à son compte, l'obligeait à payer comptant.

Le chiffre d'affaires ayant diminué dans des proportions énormes, le Conseil d'administration décida la dissolution de la Société Tiers-Mandataire de l'Aisne à la date du 1er janvier 1920.

La Reconstitution agricole.

Actuellement, la Reconstitution agricole du département a pris, en somme, la succession de la Société Tiers-Mandataire. Ce service en a repris les stocks et les liquide au mieux des intérêts de l'État.

Pour assurer les semailles de printemps, sur ma proposition, M. le directeur de l'Office de Reconstitution agricole a accepté le concours des agents locaux du Service départemental de la Reconstitution pour effectuer la livraison aux agriculteurs des semences et engrais achetés par l'Office. Cette aide, reconnue indispensable par suite de la liquidation brusquée de la Société Tiers-Mandataire, des difficultés présentes rencontrées dans l'exécution des transports, des faibles ressources locales, ne fut que transitoire, et la mission des agents locaux cessa au début de l'été.

A l'heure actuelle, les distributions effectuées dans les différents centres créés dans chaque canton sont considérables. Le tableau ci-dessous donne l'importance des livraisons des semences et d'engrais :

Semences et engrais.

Avoines	73.776 quintaux, d'une valeur de		8.459.267ᶠ
Orge	6.166	—	655.467
Blés de printemps	5.732	—	531.640
Pommes de terre	16.900	—	352.210
Vesces	1.380	—	144.855
Luzerne	725	—	568.270
Sainfoin	700	—	115.110
Trèfle	650	—	643.935
Minette	230	—	74.830
Betteraves	464	—	147.880
Féveroles	317	—	34.870
Foin	4.434	—	66.495
Nitrate de soude	82.210	—	8.019.530
Nitrate d'ammoniaque	4.591	—	660.730
Sulfate d'ammoniaque	6.879	—	1.193.970
Cyanamide	710	—	58.345
Sylvinite et kaïnite	7.289	—	140.670
Superphosphates	30.980	—	1.066.143
Scories	3.583	—	70.860
Sulfate de cuivre	7	—	1.050
	Total		23.006.127ᶠ

Bétail allemand.

La livraison des animaux par l'Allemagne est en cours.

La répartition entre les départements libérés, faite par le ministère des Régions libérées, a amené des protestations de notre part, particulièrement pour les chevaux; des promesses d'augmentation de notre contingent ont été faites, mais ne sont pas confirmées.

Le département doit recevoir :

Étalons et juments	3.300
Bovins	17.000
Ovins	34.000
Caprins	500

Animaux reçus et répartis par la Reconstitution agricole :

Étalons et juments. 1.201
Bovins 9.802
Ovins. 31.136
Caprins 910

La motoculture.

L'État s'est montré disposé, au début de l'année 1919, à favoriser le développement de la culture mécanique pour la remise en culture des terres. Dans ce but, il a accordé des subventions importantes pour l'achat de tracteurs agricoles; des certificats ont été délivrés pour l'achat de 805 tracteurs, pour lesquels une subvention de 8 millions a été accordée dans le département de l'Aisne. Malheureusement, par arrêté du 26 décembre 1919, M. le ministre de l'Agriculture a supprimé les subventions à l'Office de Reconstitution agricole, qui en faisait bénéficier individuellement les agriculteurs sinistrés. Il a en outre réduit les subventions de 50% accordées précédemment aux groupements professionnels et les a portées à 25% pour les appareils de construction française et 10 % pour les appareils d'importation étrangère.

Cette mesure a soulevé des protestations de la part des agriculteurs des régions dévastées qui n'avaient pas encore eu la possibilité de rentrer sur les terres et de commencer les travaux de mise en culture. Elle a gêné l'achat de tracteurs, qui auraient été d'un secours précieux au moment où tous les efforts étaient faits en vue d'augmenter et d'intensifier les ensemencements de printemps.

Il est à souhaiter que M. le ministre des Finances accorde aux services des Régions libérées des crédits suffisants pour le rétablissement des subventions antérieures.

Selon les désirs exprimés par les intéressés eux-mêmes, ces subventions seraient à même de donner plus de résultats que les crédits affectés au Service de la Motoculture.

Le Service de la Motoculture, créé au moment de l'application de la loi du 7 avril 1917 sur la mise en culture des terres abandonnées, a été chargé d'apporter son concours dans les régions dévastées aux agriculteurs rentrés et ne possédant que des moyens insuffisants.

Conformément aux dispositions de la circulaire du 7 novembre, en principe, le Service doit assurer son concours en vue de l'exécution des premières façons culturales nécessaires à la remise en exploitation des terres laissées en friche par suite des événements de guerre. Ces premières façons peuvent comprendre, suivant la consistance et l'état du sol, un premier labour, un ou deux scarifiages, un ou deux hersages, à l'exclusion de toutes façons postérieures. Dans cette limite, et conformément aux principes posés par la loi sur la réparation des dommages de guerre en ce qui concerne la remise en état de productivité du sol, les frais sont supportés par l'État, à condition, toutefois, que l'intéressé signe une renonciation écrite à toute demande d'indemnité de dommages représentative du travail ainsi effectué.

Opérant dans ces conditions, le Service de la Motoculture, organisé dans le département conformément à la circulaire du 7 novembre, a rendu des services. Si certaines batteries de tracteurs, pour des raisons diverses, particulièrement le ravitaillement défectueux d'essence et de pièces de rechange, n'ont point donné les résultats attendus et ont prêté à des critiques, d'autres ont rempli leur mission. Dans l'ensemble, le résultat est satisfaisant; ce que traduisent les chiffres du tableau suivant :

Travaux effectués par le Service de la Motoculture
dans le département de l'Aisne, du 1er janvier 1919 au 1er août 1920.

MOIS	NOMBRE de tracteurs en service	NOMBRE de groupes de labourage en service	LABOURS hectares	TRAVAUX superficiels	MOISSON hectares	BATTAGES en quintaux	BATTAGES en litres d'essence
Janvier 1919	41	»	104	»	»	»	»
Février	40	»	120	»	»	»	»
Mars	231	»	2.216	»	»	»	»
Avril	288	»	3.817	38	»	»	»
Mai	341	»	5.678	388	»	»	»
Juin	286	»	1.570	535	»	»	»
Juillet	346	»	6.117	622	241	»	»
Août	339	»	4.633	2.281	1.821	45	128
Septembre	358	»	5.933	2.481	456	47	2.350
Octobre	387	20	8.089	1.406	21	648	2.250
Novembre	417	22	1.674	127	»	73	2.270
Décembre	472	25	2.039	8	»	195	3.824
Janvier 1920	534	30	1.525	11	»	»	»
Février	678	30	5.082	5.588	»	»	2.066
Mars	712	30	6.813	4.686	»	»	999
Avril	736	30	3.540	3.313	»	»	»
Mai	745	30	3.672	4.870	»	»	20
Juin	790	30	4.476	4.934	49	»	288
Juillet	789	30	3.262	2.982	3.839	»	70
			70.460	29.270	6.427	1.008	14.265

Observations. — D'une façon générale, 45 ou 50 % des tracteurs en service sont immobilisés pour réparations ou manque de pièces de rechange. La revision actuellement en cours permettra de réformer tous les tracteurs fatigués et de ne conserver que les tracteurs en état de marche, dont le nombre sera environ de 350 à 400.

Depuis le début du mois de mars, le Service de la Motoculture est pourvu d'un directeur départemental, qui réside à Laon, au siège de la Direction des Services agricoles. Il a sous ses ordres cinq chefs de section, dont un est chargé spécialement des groupes de labourage à vapeur. Son action s'exerce, par l'intermédiaire des chefs de section, sur 582 tracteurs à essence ou à pétrole et 82 groupes de labourage à vapeur.

La nouvelle organisation lui assure une certaine autonomie à l'égard du Service central, auprès duquel il reste lié par toutes les questions administratives et financières se rapportant à l'exploitation du matériel, au paiement du personnel et à la rétribution des travaux exécutés.

Cette organisation permettra d'améliorer les conditions de fonctionnement du Service, jusqu'au jour où les associations agricoles pressenties par M. le ministre des Régions libérées seront susceptibles d'assurer l'exploitation des tracteurs de l'État dans les conditions qu'elles doivent proposer.

Centre de réparations.

Enfin, l'État a songé à apporter son concours pour la remise en état du matériel agricole rassemblé par les Allemands au moment de leur retraite ou abandonné sur place. Dans ce but, l'Office de Reconstitution agricole a été amené à créer dans le département un service des centres de réparations, avec un directeur à sa tête. Le premier travail du directeur fut de terminer la récupération et le rassemblement des instruments; les instruments en bon état ont été délivrés aux propriétaires qui les avaient reconnus, et les autres pris en charge par l'Office étaient réparés soit dans les centres de réparations créés de toutes pièces, soit dans les ateliers des constructeurs réintégrés ayant passé des contrats avec l'Office.

Les instruments, une fois réparés, étaient estimés et pris en compte par la Société Tiers-Mandataire, chargée de leur répartition et de leur cession aux cultivateurs sinistrés

Au cours de l'année 1919, par exemple, les centres de réparations ont remis en état 2.204 instruments de toute nature, représentant une valeur de 1.796.840 francs. A l'heure actuelle, la Société

Tiers-Mandataire ayant disparu, les centres prennent en charge les instruments récupérés et en assurent les réparations. Ces instruments réparés sont estimés, puis pris en charge par le régisseur par économie de la Reconstitution agricole, qui les cède aux cultivateurs aux prix estimés.

Instruments récupérés et réparés par le Service de Réparation et Récupération agricole depuis l'armistice jusqu'au 31 juillet 1920.

Charrues et brabants	470	Faneuses	80
Déchaumeuses	20	Faucheuses	410
Charrue tracteur	1	Semoirs	144
Herses	260	Presses	4
Extirpateurs	261	Tracteur Case	1
Traîneaux	47	Houes	89
Émotteuses	29	Butteuses	11
Cultivateurs	107	Distributeurs	18
Rouleaux et Croskills	140	Lieuses	333
Diviseurs	17	Appareils à moissonner	5
Râteaux à cheval	256	Javeleuses	26
Râteaux faneurs	16	Tarares	2
Lieur	1	Charrettes	38
Chariots	27	Tombereaux	29
Véhicules	11	Batteuses	58
Volées	107	Botteleuses	2
Camion	1	Coupe-racines	11
Aplatisseurs	7	Concasseurs	4
Chaîne d'attelage	1	Moteurs	6
Hache-paille	7	Brise-tourteaux	1
Moulin à pommes	1	Moulin à vanner	1
Barattes	33	Locomobiles	5
Broyeur	2	Butoir	1
Bineuses	29	Pulvériseur	1
Essanveuses	2	Avant-train vireur	5

Total : 3.129.

Valeur des instruments réparés jusqu'au 31 juillet 1920 :

2.450.883f 05.

L'organisation des Services de Reconstitution agricole.

En ce qui concerne les Services de Reconstitution agricole, une situation anormale existait. Le ministère des Régions libérées avait créé des agents, les chefs de canton agricole, qui dépendaient du Service des Travaux de première urgence. Théoriquement, ces agents étaient placés sous la direction technique du directeur des Services agricoles, mais ce dernier n'ayant aucune autorité effective, ses instructions n'étaient pas toujours observées. L'on put cependant empêcher la culture en régie que le Service T. P. U. voulait entreprendre. En réalité, les chefs de cantons agricoles étaient exclusivement des agents du Service T. P. U. qui les utilisait pour ses propres besoins, notamment l'enlèvement des fils de fer barbelés, le bouchage des tranchées et des trous d'obus. Le préfet et le directeur des Services agricoles se trouvaient impuissants à réagir contre cette situation, le S. T. P. U. étant sous la dépendance directe de l'Administration centrale à Paris.

Cette situation amena, tant de ma part que de la part des sinistrés, des protestations légitimes : c'est alors que fut promulgué le décret du 6 avril 1919, plaçant tous les services agricoles sous mon autorité. L'application de ce décret ne fut pas sans difficultés, et ce n'est que dans les premiers mois de l'année 1920 que je pus arriver à une organisation définitive : c'est ainsi que le Service de la Motoculture n'est passé au ministère des Régions libérées qu'au mois de novembre 1919 et que, fin décembre 1919, la Société Tiers-Mandataire, estimant que l'Administration centrale ne lui accordait pas les moyens matériels de remplir son rôle, rompit son contrat avec l'O. R. A. Je dus donc organiser entièrement le Service de Répartition des animaux, instruments, semences et engrais.

A l'heure actuelle, comme je l'ai indiqué, le Service de la Reconstitution agricole est définitivement organisé et comprend :

a) Un service central, siégeant à Laon, à la tête duquel est placé le directeur des Services agricoles. Le Service central a pour rôle de donner les instructions aux différents services, de traiter toutes les affaires générales, de renseigner verbalement et par correspondance les agriculteurs sur les différents services, sur les avances en argent et en nature, et toutes questions de reconstitution agricole.

Le Service central a des représentants, en principe, dans tous les cantons du département : les chefs de canton agricole. Les cantons de Charly, Condé-en-Brie et Château-Thierry n'ont qu'un seul chef de canton qui réside à Château-Thierry; les cantons d'Aubenton et d'Hirson un seul chef de canton qui réside à Hirson; les cantons de Guise et Sains-Richaumont un seul chef de canton qui réside à Guise; enfin, dans les cantons de Saint-Quentin et du Nouvion, les fonctions de chef de canton sont remplies par le chef de secteur.

Les cantons du département sont groupés en quatre secteurs qui ont leur siège à Laon, Soissons, Saint-Quentin et Le Nouvion. Les chefs de secteur font la liaison entre les chefs de canton et le directeur des Services agricoles.

Les chefs de canton sont, dans leur circonscription, les représentants du directeur des Services agricoles. Ils ont pour rôle de renseigner les agriculteurs sur toutes les questions de reconstitution agricole, de faire des enquêtes sur les demandes d'avances et de remboursement des premières façons culturales, de répartir les animaux, instruments, engrais, semences qui leur sont fournis par les régisseurs par économie; ils remplissent toutes missions qui leur sont confiées par le directeur des Services agricoles;

b) Le Service de Répartition des animaux, engrais et semences, à la tête duquel se trouve un régisseur par économie. Ce service a été organisé au début de l'année, après la liquidation de la Société Tiers-Mandataire; il possède un dépôt dans tous les chefs-lieux de canton où se trouve un chef de canton chargé de la répartition. Ce service a été récemment chargé de la répartition des bâches destinées à la couverture des meules;

c) Le Service de Répartition des instruments agricoles, à la tête duquel se trouve placé un régisseur par économie. Ce service a été également organisé après la disparition de la Société Tiers-Mandataire. Il a été conservé, au début, les dépôts organisés par la Tiers-Mandataire, avec leurs gestionnaires spéciaux. Chaque fois que les circonstances le permettent, je supprime les gestionnaires spéciaux pour placer les dépôts d'instruments, comme les dépôts de semences et d'engrais, sous la direction des chefs de canton agricole. Les agriculteurs n'ont plus ainsi affaire qu'à une seule personne, ce qui simplifie considérablement les démarches;

d) Le Service de la Motoculture, à la tête duquel se trouve un chef départemental. Le Service comprend la motoculture à vapeur et la motoculture à essence ou à pétrole. Chacun de ces services comprend une ou plusieurs sections à la tête desquelles se trouve placé un chef de section ayant sous son autorité un certain nombre de batteries dirigées par des régisseurs.

Le personnel des batteries a été comprimé. Les régisseurs adjoints ont été supprimés. Je procède actuellement à un regroupement des batteries, dans le but d'assurer une meilleure répartition et un meilleur rendement des appareils; les tracteurs usagés seront réformés, de manière que tous les appareils en service fonctionnent à plein. La réforme en cours amènera la suppression d'environ 50 % des batteries, sans modifier la superficie susceptible d'être travaillée. De plus, les batteries seront concentrées dans les cantons les plus éprouvés, où il reste un grand nombre de premières façons culturales à exécuter; les batteries disparaîtront dans les cantons où les terres sont à peu près remises en culture à l'heure actuelle;

e) Le Service des Centres de récupération et de réparation, qui a pour rôle de récupérer les instruments agricoles abandonnés et de les réparer dans des ateliers d'État ou dans des ateliers privés avec lesquels des contrats ont été passés. Les instruments réparés sont passés au régisseur par économie, pour être cédés aux agriculteurs à titre d'avances en nature.

En outre, le Service est chargé de monter les instruments que l'Office de Reconstitution agricole envoie démontés, pour diminuer l'encombrement des transports.

Ce service est placé sous l'autorité d'un directeur des centres de réparations, régisseur, qui a sous ses ordres deux adjoints pour les centres de Saint-Quentin et de Soissons. Le centre de Château-Thierry a été supprimé au début de l'année.

Les ateliers en régie sont installés à Laon et à Saint-Quentin. Les ateliers civils avec lesquels des contrats ont été passés sont situés à Soissons, Marle, Bohain, Moy, Origny-Sainte-Benoîte, Vic-sur-Aisne, Tavaux, Lislet, Rozoy-sur-Serre, Crécy-sur-Serre, Hirson et Guise.

La grêle.

Au mois de juillet, alors que la moisson s'annonçait comme étant des plus belles, un nouveau sinistre s'est abattu sur une région du département, anéantissant les récoltes, sur une surface de plus de 10.000 hectares, dont environ 6.000 hectares de céréales. La situation était des plus critiques. La grêle avait en effet saccagé, outre les grandes cultures, toutes les cultures maraîchères de la région. Les habitants se trouvaient donc sans aucune ressource alimentaire.

Un appel fut lancé dans tout le département aux maraîchers et aux cultivateurs, leur demandant de mettre gratuitement à la disposition des Services agricoles des plants de légumes dans le but de les répartir aux agriculteurs grêlés. Si quelques cantons se sont montrés hostiles à cet acte de solidarité, je dois dire que la plupart ont répondu à cet appel avec un empressement touchant, vraiment digne d'éloges.

Près de 550.000 pieds de légumes à repiquer dans la saison furent ainsi récoltés dans le département. L'arrondissement de Saint-Quentin en fournit pour sa part plus de 300.000.

D'autre part, les jardins des cantons agricoles en fournirent près de 90.000. Tous ces plants furent répartis en majeure partie dans le canton de Marle, et un peu dans les cantons de Coucy-le-Château et de Laon.

Enfin, à la suite de mes démarches pressantes, M. le ministre des Régions libérées a bien voulu autoriser une avance de 500 francs par hectare en supplément des avances déjà accordées aux agriculteurs victimes de la grêle.

Quelques résultats.

1º CESSIONS

A) *Instruments agricoles.*

NATURE DES INSTRUMENTS	QUANTITÉS CÉDÉES aux agriculteurs	QUANTITÉS EN STOCK
Brabants	50	187
Herses	134	176
Rouleaux	45	250
Extirpateurs	20	30
Croskills	12	18
Cultivateurs canadiens	30	22
Semoirs	2	14
Faucheuses	810	80
Faneuses	114	10
Râteaux à cheval	74	9
Râteaux faneurs	26	12
Moissonneuses-lieuses	1.100	200
Bineuses à trois rayons	15	2
Bineuses à un rayon	105	16
Écrémeuses	30	150
Tarares	70	4
Aplatisseurs	40	8
Cuiseurs	24	55
Pressoirs	14	32
Trieurs	26	30
Meules à aiguiser	600	700
Batteuses	43	70
Ficelle pour lieuses	70.000 kg	50.000 kg

B) *Véhicules agricoles.*

Chariots type n° 1. . . .	Demandés . . .	108	Livrés	88
Chariots type n° 6. . . .	—	546	—	145
Chariots roues américaines.	—	0	—	88
Charrettes type n° 2 . . .	—	180	—	177
— n° 5 . . .	—	136	—	65
Tombereaux type n° 7. . .	—	411	—	246

C) *Bâches.*

Quantités demandées.	500.000	m²
Quantités reçues.	280.000	m²
Quantités distribuées.	100.000	m² (environ).

2° RECONSTITUTION DU SOL ET SURFACES ENSEMENCÉES

a) Superficie totale du territoire envahi et libéré :

700.000 hectares . . . { 450.000 hectares en terres labourables ; 101.000 hectares en prairies et herbages.

b) Remise en état du sol :

Terres remises en état.	415.000 hectares.	
Terres productives restant à niveler	17.000	—
Terres dont la remise en état n'est pas envisagée à l'heure actuelle (zone rouge)	18.000	—
Prairies et herbages remis en état	90.000	—

c) Terres labourées . . . . 325.000   —

Terres remises en état restant à labourer.	90.000	—
Prairies et herbages.	90.000	—

d) Superficies ensemencées dans le département avant et après la guerre :

NATURE DES CULTURES	SURFACES CULTIVÉES EN 1912	SURFACES CULTIVÉES EN 1919	SURFACES CULTIVÉES EN 1920
Blé	142.080	10.000	79.600
Avoine.	99.430	20.000	71.500
Seigle	15.320	1.250	11.660
Orge.	10.610	3.350	8.500
Trèfle.	11.730	2.500	5.660
Sainfoin	6.430	1.500	3.240
Luzerne	39.790	19.000	19.500
Fourrages verts.	16.360	1.200	6.750
Pommes de terre.	11.660	6.000	8.540
Betteraves fourragères. . .	13.080	4.000	9.845
Betteraves à sucre	59.250	800	2.500
Féveroles	2.510	40	1.720
Lin	603	61	465
Vignes.	942	700	720
Prairies, herbages, pâturages	101.670	72.500	90.000

Ce qui reste à faire en 1920 en matière de reconstitution agricole.

En 1921, le Service de Reconstitution agricole devra :

1º Poursuivre l'examen des dossiers de demandes d'avances agricoles pour les agriculteurs rentrés qui demanderont le complément de l'avance de 2.000 francs par hectare et pour les agriculteurs qui, non encore rentrés à l'heure actuelle, présenteront leur première demande d'avances ;

2º Poursuivre le remboursement des premières façons culturales exécutées par les agriculteurs eux-mêmes ;

3º Commencer la vérification de l'emploi des acomptes sur dommages de guerre pour les agriculteurs dont le dossier aura été examiné par les commissions cantonales et qui auront obtenu leurs titres de créances ;

4º Liquider le service d'avances en nature, en animaux, semences et engrais, l'Office de Reconstitution agricole ayant décidé de cesser cette catégorie en nature.

La répartition des animaux venant d'Allemagne devra être terminée en 1921 si tout le contingent que doit recevoir le département n'est pas arrivé en 1920 ;

5º Poursuivre les cessions d'instruments agricoles, soit que ces instruments proviennent de marchés passés par l'Office de Reconstitution agricole, soit qu'ils parviennent de livraisons faites par l'Allemagne en exécution des clauses du traité de paix ;

6º Poursuivre la répartition des instruments agricoles récupérés et en faire la cession aux agriculteurs.

GRAPHIQUE Nº 1

montrant la marche des cessions de semences (céréales et pommes de terre)
faites aux agriculteurs par la Régie des semences et engrais.

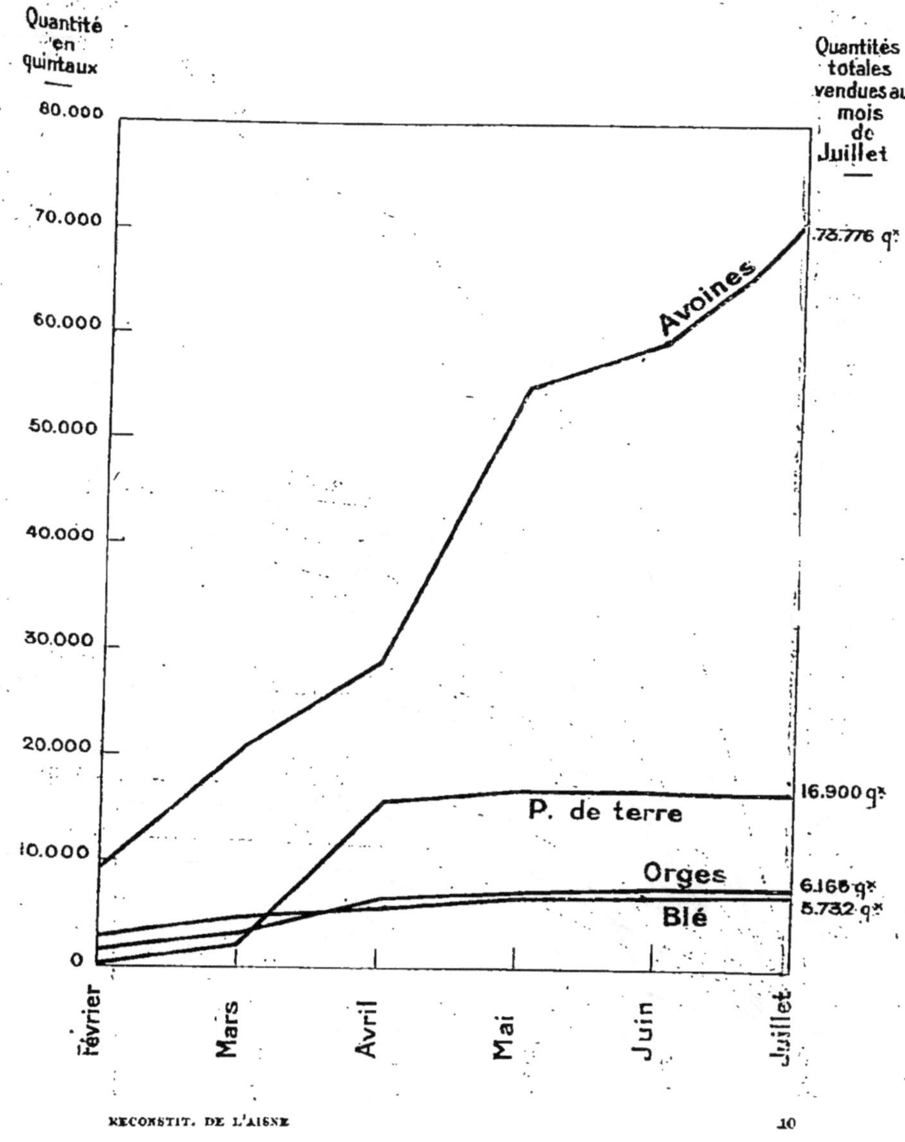

GRAPHIQUE Nº 2

Cessions de semences (plantes fourragères).

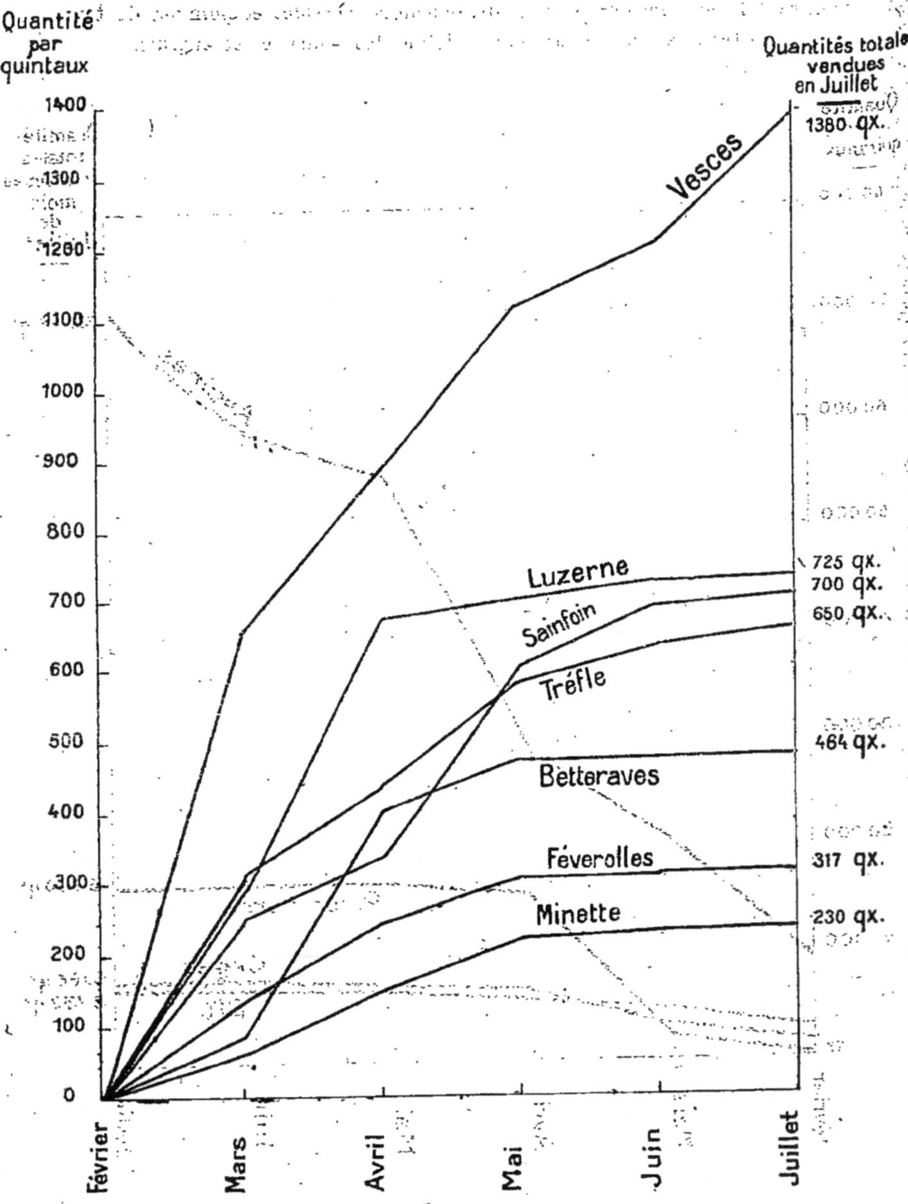

Graphique n° 3

Cessions des engrais.

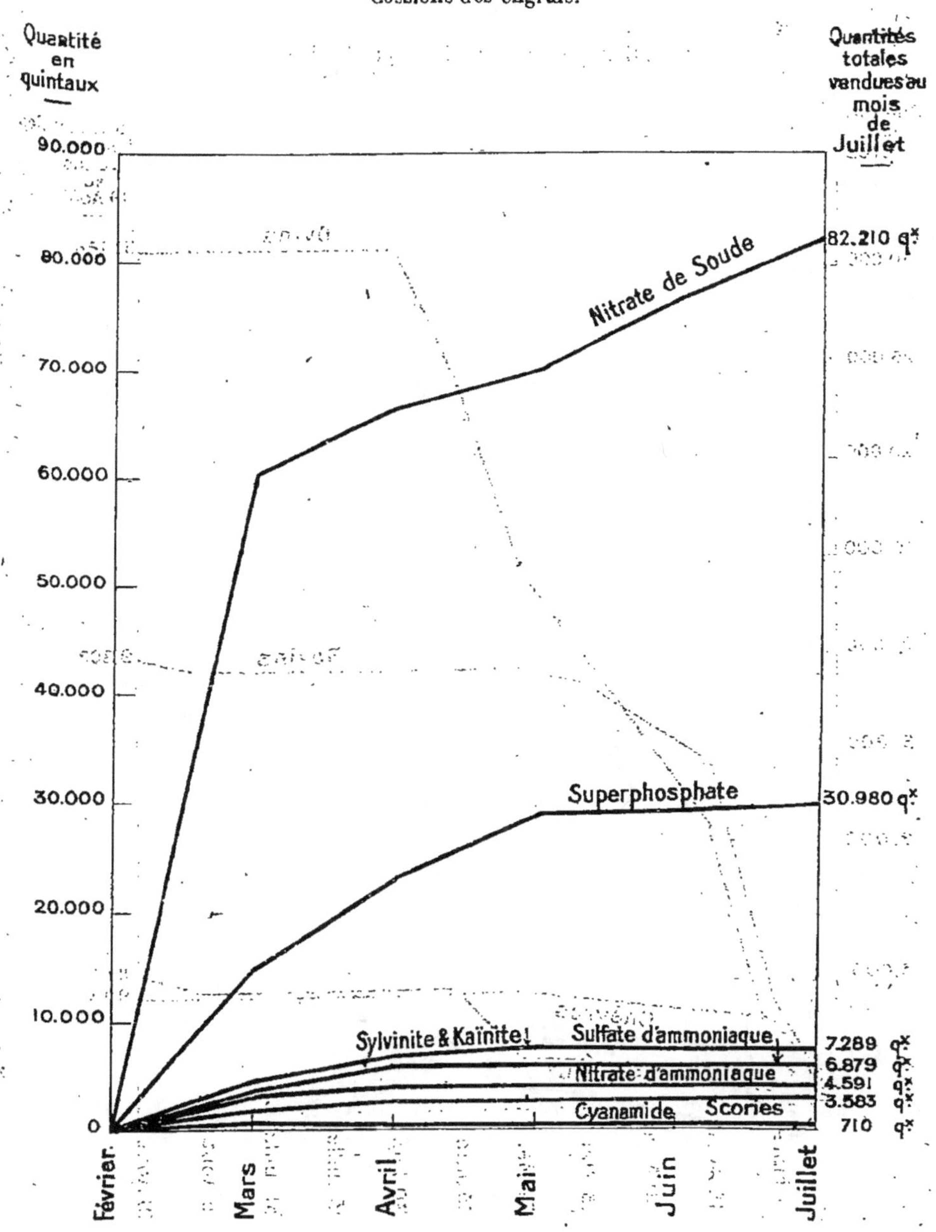

GRAPHIQUE N° 4

Réception des animaux livrés par l'Allemagne.

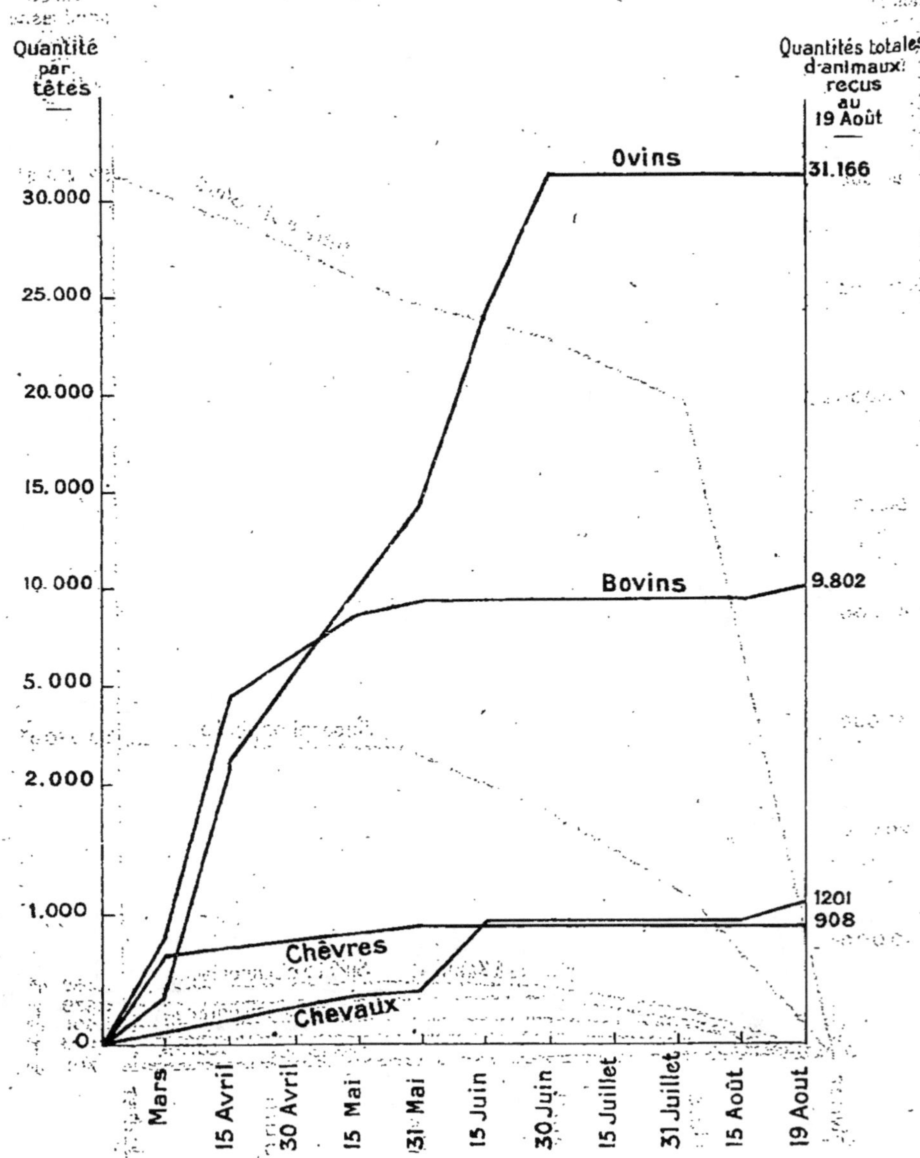

Graphique N° 5

comparatif des travaux exécutés par le Service de la Motoculture
(Années 1919 et 1920).

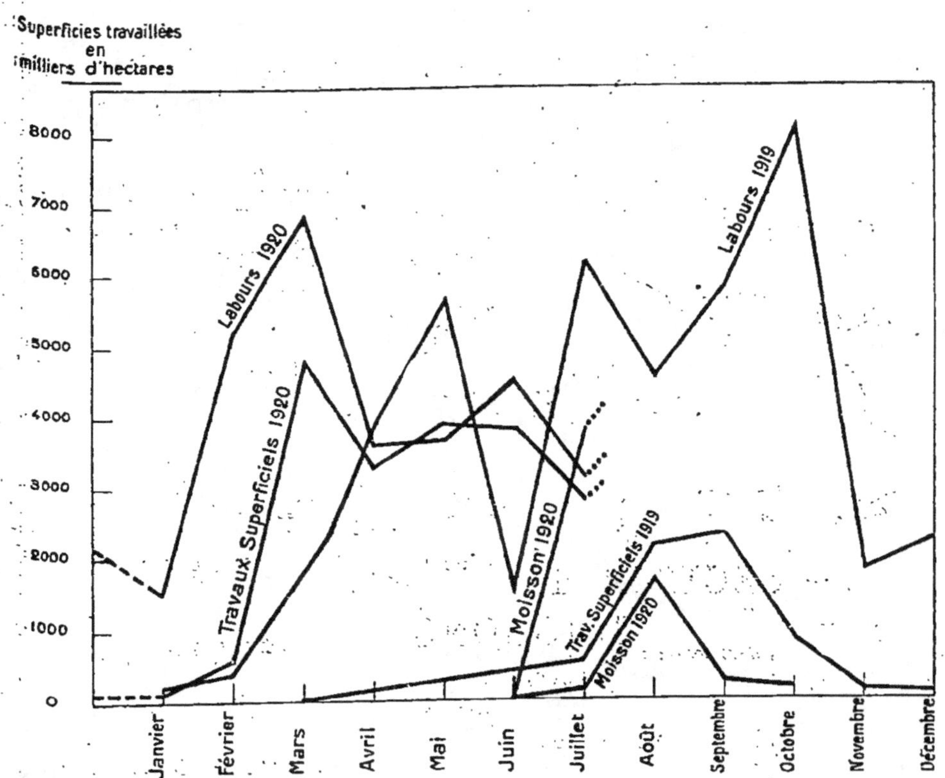

CARTE N° 1
BELGIQUE
Le Catelet
Bohain
Wassigny
le Nouvion
la Capelle
Oise R.
SECTEUR
SECTEUR
Guise
Hirson
Vermand
Flavigny-le-Petit
St QUENTIN
Vervins
Origny-St-Benoîte
de St-QUENTIN
de VERVINS
Ribemont
St-Simon
Marle
Razoy-s-Serre
Moy
Hamégicourt
Tavaux-et-Pontséricourt
Montcornet
Lislet
Flavy-le-Martel
Crécy-s-Serre
SECTEUR de
Liesse
ARDENNES
Chauny
LAON
Sissonne
LAON
SOMME
Coucy-le-Château
Anizy-le-Château
Craonne
Vic-s-Aisne
Vailly
Aisne R.
Beaurieux
SOISSONS
MARNE
Braisne
SECTEUR de
SOISSONS
RÉPARTITION
DES
DIVERS CENTRES
Villers-Cotterets
DES
Oulchy-le-Château
SERVICES DE RECONSTITUTION
Fère-en-Tardenois
AGRICOLE
Neuilly-St-Front
SEINE-&-MARNE
Château-Thierry
LÉGENDE
Marne R.
Secteur agricole.
Canton agricole.
Dépôt de matériel.
Dépôt de semences et engrais.
Atelier de réparations en régie.
Atelier privé.

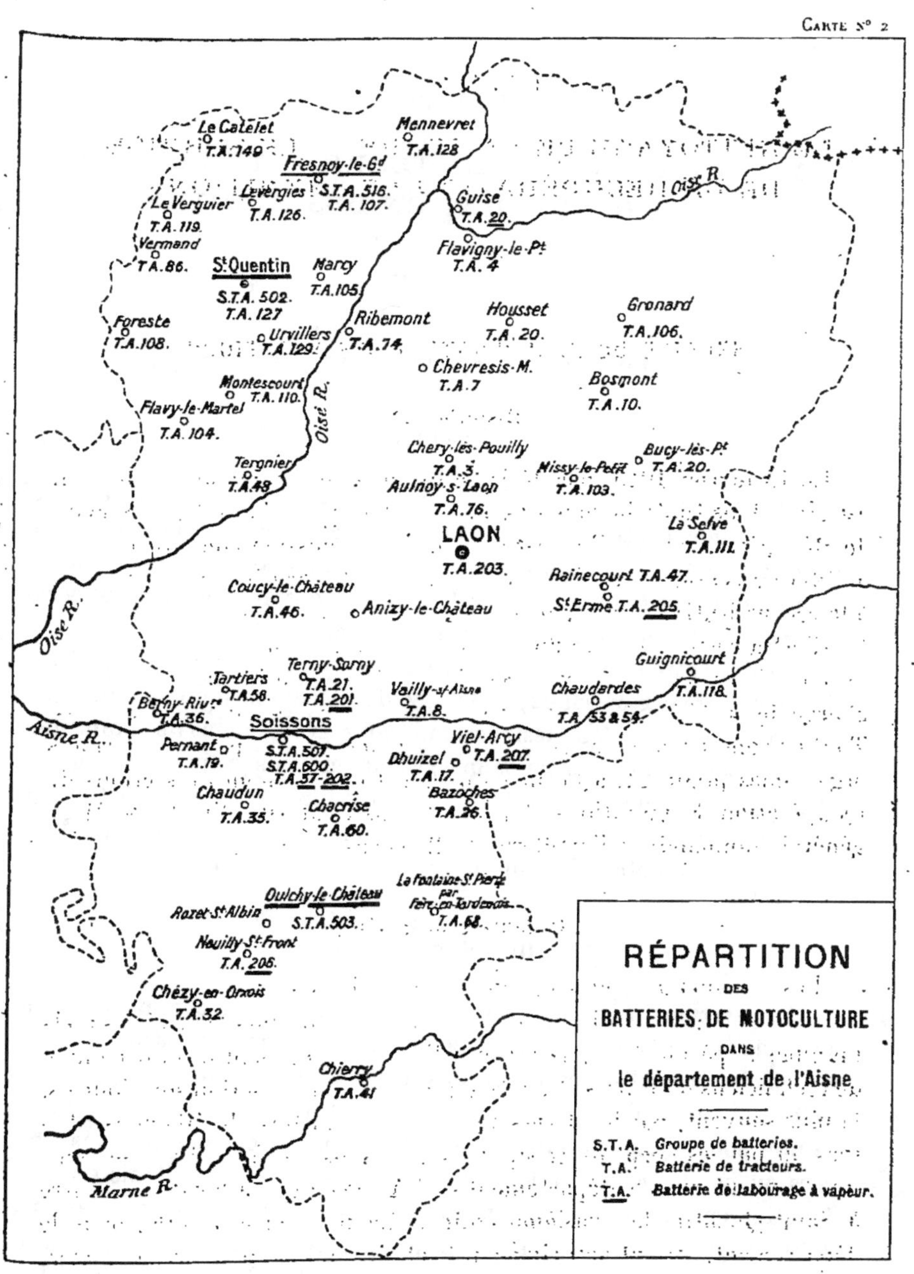
CARTE N° 2

Le Catelet
T.A.149

Mennevret
T.A.128

Fresnoy-le-Gd

Levergies S.T.A.516.
T.A.126 T.A.107.

Le Verguier
T.A.119

Guise
T.A.20

Oise R.

Vermand
T.A.86

St Quentin
S.T.A.502.
T.A.127

Marcy
T.A.105

Flavigny-le-Pt
T.A.4

Foreste
T.A.108.

Urvillers
T.A.129.

Ribemont
T.A.74

Housset
T.A.20.

Gronard
T.A.106.

Chevresis-M.
T.A.7

Bosmont
T.A.10.

Montescourt
T.A.110.

Oise R.

Flavy-le-Martel
T.A.104.

Chery-lès-Pouilly
T.A.3.

Missy-le-Petit
T.A.103.

Bucy-lès-Pt
T.A.20.

Tergnier
T.A.48.

Aulnoy-s-Laon
T.A.76.

LAON
T.A.203.

La Selve
T.A.111.

Coucy-le-Château
T.A.46.

Anizy-le-Château

Rainecourt T.A.47.

St Erme T.A.205.

Oise R.

Guignicourt
T.A.118.

Terny-Sorny
T.A.21.
T.A.201.

Tartiers
T.A.58.

Vailly-s-Aisne
T.A.8.

Chaudardes
T.A.53 & 54.

Berny-Rivre
T.A.36.

Soissons

Aisne R.

Pernant
T.A.19.

S.T.A.507.
S.T.A.600.
T.A.57-202.

Dhuizel
T.A.17.

Viel-Arcy
T.A.207.

Chaudun
T.A.35.

Chacrise
T.A.60.

Bazoches
T.A.26.

La Fontaine St Pierre
par
Fère-en-Tardenois
T.A.68.

Rozet-St-Albin

Oulchy-le-Château
S.T.A.503.

Neuilly-St-Front
T.A.205.

Chézy-en-Orxois
T.A.32.

Chierry
T.A.41

Marne R.

RÉPARTITION
DES
BATTERIES DE MOTOCULTURE
DANS
le département de l'Aisne

S.T.A. Groupe de batteries.
T.A. Batterie de tracteurs.
T.A. Batterie de labourage à vapeur.

CHAPITRE X.

LE NETTOYAGE DE LA TERRE — LE SERVICE DE LA RÉCUPÉRATION DES MUNITIONS

SERVICE DE RÉCUPÉRATION DES MUNITIONS

Historique.

Le 15 février 1919, par décision du général commandant en chef, est créé, dans toute la zone des anciens champs de bataille, le Service de Récupération et de Reconstitution, dont la mission consiste à la fois à céder dans les régions libérées le matériel des armées qui peut servir à la reconstitution et à organiser le nettoyage du terrain.

C'est à cette date qu'apparaît dans le département, sous la forme de trois bureaux spéciaux, le Service de Récupération des munitions, chargé de procéder à la destruction et au regroupement des munitions. Tout en conservant leur personnel et leurs moyens propres, ces derniers organismes prennent, à la date du 15 octobre, le nom de sections de récupération de munitions et passent sous l'autorité directe de M. le général commandant l'artillerie du 2e corps d'armée.

Organisation générale.

Les sections de récupération des munitions sont commandées par un officier supérieur. Trois officiers lui sont adjoints, parmi lesquels un officier spécialiste en munitions. Elles se composent d'un personnel de techniciens militaires et civils à qui les moyens d'action sont fournis, le plus souvent, par les divers services du ministère des Régions libérées ou par les corps de troupe des garnisons voisines. Trois sections fonctionnent dans le département de l'Aisne : l'une à Soissons, l'autre à Saint-Quentin, la troisième enfin à Laon. L'effectif total, pour le département, atteint actuellement le chiffre de 320 pour les artificiers militaires et de 239 pour les artificiers civils.

Tous ces artificiers ont reçu dans les écoles une instruction spéciale et sont pourvus d'un certificat d'aptitude qui n'est accordé, à la fin des cours, qu'aux plus instruits. Une école a été créée, au mois d'octobre 1919, au camp de Sissonne que le général commandant la 2e région a réservée à l'instruction des artificiers civils et à la formation des chefs d'équipe civils ou militaires.

Le recrutement des artificiers civils a été contrôlé très sévèrement jusqu'à maintenant, et l'on peut affirmer que leur compétence technique n'est pas inférieure à celle de leurs camarades de l'armée.

Le rapatriement des prisonniers de guerre, qui fournissaient à eux seuls la totalité du contingent de manutentionnaires mis à la disposition de la section de récupération, a provoqué, pendant quelques semaines, une crise de main-d'œuvre qui aurait pu devenir inquiétante.

L'emploi de la main-d'œuvre polonaise a conjuré cette crise.

Les moyens de transport automobiles sont fournis, en général, par l'autorité militaire. Mais le faible contingent d'essence alloué par le ministère de la Guerre au 2e corps d'armée réduisait presque à néant le parti que l'on pouvait tirer de ces véhicules. J'ai donc autorisé le Service départemental des Transports généraux à céder de l'essence à titre gratuit à la section de récupération des munitions.

Le Service des Travaux d'État et le 182e régiment d'artillerie lourde prêtent également à la S. R. M. quelques chevaux et quelques voitures, une trentaine en moyenne, qui servent au ravitaillement des équipes et à certains transports de munitions.

Enfin, le Service départemental de la Voie de 0,60 apporte au Service de Récupération des munitions un concours particulièrement précieux. Une forte proportion des munitions à évacuer sur le camp de Sissonne pourront être transportées par ses soins. Ce service participe, dès maintenant, à l'évacuation de l'important dépôt d'Athies et pourra fournir quotidiennement, quand le Service sera en plein rendement, trois trains de 24 tonnes sur un parcours de 30 kilomètres.

Renseignements statistiques.

Le Service de Récupération des munitions s'est trouvé, au moment de sa formation, en présence d'une tâche considérable. D'un bout à l'autre des limites du territoire dont le nettoyage lui était confié, le sol était jonché de munitions éparses, abandonnées par les troupes au cours même des combats. Dans la zone arrière des anciennes lignes allemandes, les dépôts de munitions de l'ennemi, presque tous endommagés par les explosions qu'il avait provoquées au moment de sa retraite, présentaient, pour les populations du voisinage, un sérieux danger.

Pour détruire les munitions suspectes des dépôts de munitions allemandes qui présentaient un danger pour les villages voisins, il a fallu organiser sur place, après entente avec les maires intéressés, dans les terres les plus pauvres, des champs d'explosion où l'on fait sauter les projectiles.

Il faut enfin, pour débarrasser le territoire des munitions françaises en état de servir et des munitions de toute provenance dont l'industrie privée peut tirer parti, regrouper sur les bords des routes ou à proximité des voies ferrées, les amas d'obus de toutes sortes que l'on retrouve dans les bois comme dans les champs et organiser leur transport vers un centre de stockage.

Pour la 2e région, le centre de stockage a été établi au camp de Sissonne. C'est là que sont entreposées, par les soins du parc d'artillerie du corps d'armée, toutes les munitions françaises récupérées. Un projet actuellement à l'étude prévoit la création, dans une autre partie du camp, d'une usine de démolition où les munitions seraient traitées en vue de la récupération du métal de tous les projectiles allemands susceptibles d'être transportés.

On peut exprimer, par quelques chiffres, l'état d'avancement de ces différentes opérations. Sur 661 communes à débarrasser de projectiles, il en reste actuellement une cinquantaine à débarrasser de munitions. Ce chiffre comprend, en particulier, la totalité des communes de la zone rouge du Chemin des Dames, dont le sol est si bouleversé que les opérations de ramassage et de destruction des obus épars y sont extrêmement difficiles et dangereuses.

Il a été détruit, jusqu'à ce jour, 115.000 tonnes de munitions.

Tous les efforts des sections de récupération vont tendre maintenant à l'organisation du transport au camp de Sissonne des munitions qui doivent y être stockées ou démolies.

La tâche à remplir demeure, comme on le voit, considérable. Elle ne présente que plus de danger avec le temps. La manipulation d'un grand nombre d'obus allemands dont les fusées sont très sensibles à l'humidité devient chaque jour plus dangereuse. Les réactions chimiques qui se produisent, à la longue, dans la masse même de certains explosifs, augmentent journellement les risques des artificiers. Qu'il suffise de dire, pour en donner une idée, que, jusqu'à ce jour, près de trente-cinq artificiers civils et militaires ont payé de leur vie la remise en état du sol du département et quatre-vingt-huit d'entre eux ont été blessés, de blessures graves pour le grand nombre.

Le transport en masses aussi importantes de projectiles qui nécessitera, le plus souvent, la collaboration de plusieurs services, ne se fera pas sans difficultés. Il n'est pas douteux qu'avec le concours des bonnes volontés de tous, ces difficultés s'aplaniront. Les artificiers, dont l'esprit de sacrifice ne s'est jamais démenti, rempliront leur tâche jusqu'au bout.

CHAPITRE XI

LES TRANSPORTS

LES GRANDES COMPAGNIES DES CHEMINS DE FER

Le réseau du Nord.

La reconstitution du réseau du Nord, en particulier dans la région de l'Aisne, a fait, au cours de 1919, de très grands progrès.

A l'armistice, la partie du réseau située au nord de Soissons et Compiègne ne comportait plus aucun pont ou tunnel existant; il n'y avait plus un seul dépôt ni une seule gare, grande ou moyenne, qui n'aient été à peu près complètement détruits; les voies elles-mêmes qui comportent, pour l'ensemble du département, une longueur de 489 kilomètres, avaient été détruites, soit par une charrue spéciale imaginée par les Allemands et traînée par une locomotive arrachant derrière elle les rails des traverses, soit par explosifs mettant les rails hors de service, en faisant sauter un joint sur deux.

La plate-forme devait être aussi remise en état en beaucoup de points, l'ennemi ayant fait exploser des mines à de nombreux passages à niveau.

En dehors de la remise en état des ouvrages d'art, il fallait se préoccuper de l'alimentation en eau des machines.

Pour le personnel il fallait tout prévoir, depuis le logement jusqu'à l'alimentation, certains agents devant, pour assurer le service, séjourner dans des régions absolument désertes et dévastées.

Tout était donc à refaire.

Au commencement de 1919, le service du chemin de fer avait

déjà repris d'une façon satisfaisante, mais avec des moyens de fortune. Il existait encore dans le département de l'Aisne, en particulier, un grand nombre d'ouvrages d'art rétablis à titre provisoire. La réfection définitive, faite en 1919 et au début de 1920, nécessitait encore des services temporaires à voie unique et des ralentissements, sujétions aujourd'hui disparues complètement, sauf en deux points (ligne d'Anizy à Chauny et ligne d'Anor à Chauny).

Sur les deux cents ouvrages d'art du département, cent soixante-dix sont, à l'heure actuelle, complètement terminés. Ceux qui restent à faire sont des ouvrages secondaires, sauf toutefois ceux de Ohis—Neuve-Maison pour l'achèvement de la ligne Guise—Hirson et ceux de Chauny-usine sur la ligne d'Anizy—Pinon à Chauny.

Les trois tunnels de Vauxaillon, La Fère et Guise sont maintenant rétablis définitivement. A Vauxaillon, il a même été fait des injections de ciment dans l'intérieur des parties de voûte non éboulées, mais que les quatre explosions successives de 1914, 1917 et 1918 (mai et août) avaient ébranlées. D'autre part, les grands viaducs de Hirson ont été complètement reconstruits. Les efforts du réseau se portent maintenant sur les bâtiments des gares; il en existe déjà un certain nombre reconstruits. A Soissons et Hirson, le service des voyageurs a pu être réinstallé comme avant guerre; à Laon les travaux arrivent à leur fin. Sur quatre-vingts bâtiments de voyageurs détruits ou endommagés, il en reste trente dont les plans sont établis et dont la reconstruction va être mise en adjudication incessamment.

Des vitesses normales sont dès maintenant pratiquées sur les lignes de Paris, Saint-Quentin, Erquelines, et Paris—Laon—Hirson.

Si les temps de parcours sont encore plus longs qu'en 1914, c'est que le nombre de trains est toujours inférieur à celui de 1914, et l'on ne peut encore remettre en marche les express à nombre d'arrêts limités.

Une des plus grandes difficultés que le réseau du Nord a dû vaincre a été d'assurer le logement du personnel dans les trop nombreuses localités dévastées du département, même dans les régions qui ont le moins souffert, l'afflux de la population des autres pays a occasionné, comme vous le savez, la crise du logement. Dans ce but des maisons ont été édifiées de toute part. A l'heure actuelle il existe dans le département de l'Aisne 796 maisons en bois à double revêtement; 252 maisons analogues sont également en construction, de même il a été prévu 956 maisons en dur dont 210 sont terminées. Partout où cela a été possible, ces maisons ont été groupées de façon à constituer de véri-

-tables cités-jardins dotées de tous les services nécessaires : distri-bution d'eau, d'électricité, d'égouts, création de voies publiques, d'écoles, etc. Les plus importantes de ces agglomérations sont à Ter-gnier et à Laon, mais il en existe dans vingt-quatre autres gares du département. Au point de vue social, cette partie des travaux exécutés par le Nord est loin d'être négligeable.

Enfin, le réseau du Nord a poursuivi, avec la plus grande diligence, la réfection des installations de signalisation et de sécurité, travaux délicats et difficiles qui ne peuvent être faits vivement.

Il a fallu, pendant plus d'un an après la réoccupation de la région, exploiter les voies en partie détruites avec des consignes et des télé-phones de campagne.

Grâce aux efforts des cheminots de tous grades, cette période tran-sitoire a pu être franchie sans qu'aucun accident grave se produise. A l'heure actuelle, les sémaphores, les cloches d'annonce et les enclen-chements de tous genres sont rétablis partout.

En dehors de ces difficultés matérielles, bien d'autres ont dû être supportées ; au point de vue du personnel, beaucoup d'anciens agents étaient fatigués, ou bien, étant restés en pays envahis, ils avaient en quelque sorte désappris le métier dans lequel ils étaient autrefois passés maîtres. Les nouveaux, recrutés un peu au hasard, au début, n'étaient pas au courant.

A l'heure actuelle, ces difficultés sont encore sensibles, mais, grâce à la bonne volonté de tous, on peut envisager un retour rapide à la situation ancienne.

L'éducation des nouveaux agents a été faite d'abord dans la région, mais va se continuer dans une gare-école située à Dunkerque où vont être envoyés les agents désireux de s'instruire dans le métier.

Le réseau du Nord souffre encore à l'heure actuelle de gros em-barras provenant de la pénurie de combustible et de l'insuffisance des installations pour un trafic qui actuellement dépasse celui de 1914. Les fournitures de charbon de la Ruhr commencent à alimenter les dépôts des gares du département. D'autre part, des projets d'a-grandissement des principales gares Laon-Tergnier, Saint-Quentin, Hirson, Soissons, sont, dès maintenant, en cours d'exécution : il s'agit de travaux formidables qui ne pourront être achevés avant plusieurs années. Quand ils le seront, le département de l'Aisne sera certaine-ment un de ceux où les installations du chemin de fer seront les plus importantes et les plus modernes. Ce sera une revanche partielle des dures épreuves que la guerre lui a imposées, que de penser qu'elles auront fini par aboutir à une rénovation de voies ferrées, et, en fermant le livre d'un passé douloureux, il aura la consolation d'ouvrir celui d'un brillant avenir.

Le réseau de l'Est.

Le réseau de l'Est avait été beaucoup moins touché par la destruction. Il put, en conséquence, reprendre son service normal, beaucoup plus tôt que le réseau du Nord.

La longueur des voies détruites était de 141 kilomètres.

Toutes ces voies sont actuellement rétablies et exploitées comme avant les hostilités.

Le nombre d'ouvrages d'art détruits était de soixante-quinze. Soixante-neuf sont réparés à ce jour.

Il reste actuellement à rétablir six passages supérieurs dont la reconstruction est actuellement en cours.

LES VOIES FERRÉES D'INTÉRÊT LOCAL

À l'armistice, sur les 648 kilomètres de voies ferrées qui constituaient le réseau d'intérêt local de l'Aisne, 609 kilomètres étaient à reconstruire entièrement.

Les travaux de réfection furent exécutés par les concessionnaires ou par le Service des Ponts et Chaussées lui-même.

Au 15 août, la situation du réseau était la suivante :

451 kilomètres de lignes étaient suffisamment améliorés pour qu'on puisse les livrer à l'exploitation;

67 kilomètres étaient définitivement remis en état;

20 ouvrages d'art étaient reconstruits provisoirement;

18 l'étaient définitivement;

39 restaient à refaire.

L'exploitation a été reprise, en totalité ou en partie, sur les lignes de :

Saint-Quentin à Guise;

Saint-Quentin à Ham;

Saint-Quentin à Vélu;

Ribemont à La Ferté;

Crécy-Mortiers à La Fère;

Marle à Montcornet;

Dizy-le-Gros à Saint-Erme;

Vic-sur-Aisne à Montécouvé et Soissons;

Soissons à Rethel (jusqu'à Beaurieux);

Soissons à Oulchy.

Réseau du sud de l'Aisne;

Romery à Liart;

Mézières à Vendeuil.

Les travaux de réfection du V. F. L. L. sont menés activement et je pense que le réseau entier sera rendu à l'exploitation pour la fin de l'année, à l'exception des lignes de l'arrondissement de Saint-Quentin dont le département a décidé la mise à voie normale.

LE SERVICE DÉPARTEMENTAL DES TRANSPORTS
PAR VOIE NORMALE (Transports V. F.)

Pour me permettre d'exposer avec plus de netteté la situation du Service départemental des Transports par voie normale, il est indispensable de rappeler brièvement la correspondance échangée dans le courant du mois de septembre 1919 entre M. le président de la Chambre de Commerce de Lille d'une part, M. Javary, inspecteur en chef de la Compagnie du Nord d'autre part, et le ministère des Travaux publics.

La Chambre de Commerce de Lille se plaignait, en effet, des retards considérables apportés dans l'acheminement des marchandises et par cela même, des troubles dans la vie économique. Le 13 septembre, M. Javary répondait à M. le Ministre que l'encombrement provenait uniquement de l'arrivage forcé des wagons. « A la date du 7 septembre, écrit-il, le réseau du Nord avait chez lui un total de 114.600 wagons dont plus de 80 % chargés, alors qu'il ne peut plus exploiter convenablement quand il a chez lui plus de 85.000 wagons. » Il ajoute encore : « Le chemin de fer n'a pas de responsabilité dans ces doléances; les responsables, ce sont les destinataires qui ne déchargent pas assez ou les expéditeurs qui expédient trop, sans souci du déchargement. »

Cette phrase résume, en somme, les principales causes de la crise des transports.

Le remède à cette situation qui devenait de jour en jour plus critique était d'augmenter les moyens de déchargement ou de diminuer les importations dans les régions libérées.

Augmenter la main-d'œuvre pour assurer une plus grande rapidité dans la libération du matériel était impossible; on était arrivé à peine à remplacer les prisonniers de guerre. Il fallait donc mettre un frein aux expéditions. C'est là justement le point de départ de l'organisation du Service des Transports qui, créé au ministère des Régions libérées, suppléait, en quelque sorte, au ministère des Travaux publics et des Transports.

Toutefois, il n'était pas possible de diminuer brusquement les importations sans porter atteinte aux services de la reconstitution. C'est alors que fut instituée la priorité pour les expéditions à destination des régions libérées, et le décret du 15 octobre 1919, fixant le nouveau régime des chemins de fer, limita la priorité aux programmes établis par le ministère des Régions libérées.

D'après ce décret, les demandes d'inscriptions au programme appartiennent aux préfets des départements destinataires; d'où création du Service départemental des Transports dont le but primordial est d'apprécier le degré d'urgence des demandes qui lui sont présentées. Tâche délicate entre toutes, car de l'arrivage des matériaux, des semences, engrais et du matériel agricole, dépend le travail de reconstitution et la vie même de l'industrie et des diverses entreprises.

En conformité de la circulaire ministérielle il établit toutes les semaines des programmes où sont classées par priorité et par réseaux les demandes de transport à destination du département :

1º Un programme de transports en provenance des autres départements;

2º Un programme de transports en provenance d'Alsace-Lorraine et, par extension, des pays rhénans.

Il veille à ce que le total des wagons compris dans lesdits programmes ne dépasse pas le chiffre qui lui a été fixé la semaine précédente par dépêche émanant de la Direction des T. G.

Il a à constituer aussi un bordereau spécial intitulé : « Transports à l'intérieur » où sont portées les demandes que les particuliers lui adressent en dehors des départements dévastés.

Dans ce bordereau ne doivent figurer que les demandes destinées à satisfaire les marchés passés avec les Services publics des R. L.

En plus de ces trois programmes, il en existe un quatrième appelé « Programme des trains complets », exclusivement réservé aux services de reconstitution et aux grosses entreprises pouvant attester qu'elles ont une main-d'œuvre suffisante pour assurer le chargement au départ aussi bien que le déchargement à l'arrivée dans les délais prévus.

Pour l'aider à éviter l'embouteillage dans les gares et par suite l'immobilisation excessive du matériel, il a à sa disposition des agents de triage nommés dans les principaux centres du département : Laon, Soissons, Saint-Quentin, Chauny.

Ces agents envoient le mardi soir au Service départemental :

1° Un relevé hebdomadaire des arrivages des wagons pour les Services des R. L. :

2° Un relevé hebdomadaire mentionnant le nombre des wagons arrivés et déchargés dans leur gare.

Ces deux relevés sont transmis à la Direction des T. G. qui ainsi est tenue au courant des mouvements dans ces quatre principales gares.

Dans ses débuts, le Service départemental a éprouvé de grosses difficultés pour donner satisfaction aux nombreuses demandes des entrepreneurs et des industriels.

En effet, le contingent très faible des wagons accordés pour le département de l'Aisne ne permettait pas de satisfaire toutes les demandes. Il ne s'agissait donc que de tirer le meilleur parti possible, dans l'intérêt général, des moyens d'action très limités dont on disposait.

Au mois de janvier 1920, les demandes étaient de *10.000* environ et chaque jour de nouvelles venaient grossir les instances, alors que le matériel roulant mis à notre disposition s'élevait à *2.043 wagons* pour le mois de janvier, *4.173 pour février*, *4.027 pour mars*, *4.751 pour avril*. Je dois ajouter que pendant les mois de janvier, février et mars, notre travail a été entravé par les grèves persistantes des cheminots. Malgré cela, les efforts fournis par le Service des Transports ne sont pas restés vains, et depuis sa création il a facilité le mouvement de *32.000* wagons. Actuellement, il peut satisfaire au fur et à mesure de leur présentation les demandes formulées, à l'exception toutefois des expéditions en provenance des ardoisières d'Angers, en raison des demandes de livraisons par trop considérables présentées à cette société, dont les produits sont extrêmement recherchés, et des cinq départements desservis par le réseau du Midi : Gironde, Lot-et-Garonne, Landes, Basses-Pyrénées et Gers.

La situation s'est donc améliorée dans de très larges proportions; toutefois le licenciement actuel des manouvriers dans les différents services des R. L. et les restrictions faites dans le Service des Transports automobiles rendent les déchargements très difficiles.

Tels sont en résumé les résultats obtenus par un Service qui n'a pas toujours été exempt de critiques mais qui, incontestablement, a apporté sa part contributive à l'œuvre de relèvement de nos régions dévastées.

SERVICE DE LA VOIE DE 0,60

Les voies de 0,60 du département de l'Aisne ont été reprises au Service de l'Artillerie par le ministère des Régions libérées, le 1er mars 1919.

Deux réseaux furent immédiatement créés, l'un à Saint-Quentin et l'autre à Laon.

Les chefs de ces réseaux avaient pour mission de réfectionner rapidement les lignes des armées dont la réparation ne présentait pas de trop grandes difficultés et qui pouvaient être d'un intérêt immédiat pour la reconstitution.

Quatre mois plus tard, un centre d'études annexé fut installé à Soissons, pour construire les voies de déblaiement de cette ville et examiner la construction de lignes dans le Tardenois et dans la région de Faverolles, ainsi qu'au sud de l'Aisne.

En ce qui concerne le réseau de Saint-Quentin, dont quelques lignes n'avaient pas trop souffert, les travaux purent être assez rapidement poussés, et, dès le 1er septembre, 150 kilomètres de lignes pouvaient être livrées en exploitation.

Enfin, le centre d'études de Soissons avait, à cette même date, à peu près terminé le réseau de déblaiement de la ville, mais, par suite du manque de main-d'œuvre, les sections du Tardenois et de Faverolles avaient peu progressé. On n'avait fait à Faverolles que le tracé des lignes et dans la région de Fère-en-Tardenois que l'installation du dépôt et la réfection de quelques kilomètres de voie.

Étant donnés les tâtonnements des services de reconstitution pendant cette première période, les chefs de réseau n'avaient construit qu'avec beaucoup d'hésitation. D'autre part, la nécessité de remettre en état un matériel tracteur roulant, très fatigué par de longs mois de campagne, n'avait pas permis, même sur les lignes réparées ou construites, de donner au trafic un véritable essor.

Le décret du 6 août 1919, plaçant les services de reconstitution sous les ordres des préfets, permit de localiser les difficultés de l'organisation, d'établir un premier programme et de donner une nouvelle impulsion à la réalisation des travaux et à l'exécution des transports.

Devant l'importance toujours croissante des voies de 0,60 dans le département, un service spécial fut créé le 1er octobre 1919. Depuis cette date, les travaux et le trafic ont augmenté dans des proportions assez considérables.

Le programme tracé par la Direction générale des Services techniques à la date du 16 novembre 1919, comprenait notamment :

1º La jonction du réseau de Saint-Quentin à celui de l'Oise, permettant l'acheminement rapide des machines sur l'atelier régional de Noyon, afin de faciliter l'envoi des machines et wagons à réparer et de dégager de ces transports la voie normale.

Cette jonction, partant de Jussy et passant à Flavy-le-Martel, pour sortir du département à Villeselve, devait, en outre, permettre le transfert des projectiles et poudres entreposés pendant la guerre dans la région de Flavy-le-Martel et de Frières-Faillouel, et de faire d'assez importants transports de matériaux dans la même région ;

2º La construction d'un embranchement sur la ligne précédente, pour desservir l'importante carrière de Béthancourt-en-Vaux ;

3º La construction de la ligne Lesdins—Le Catelet ;

4º La construction d'urgence d'une ligne qui, partant d'Urcel, suivrait la vallée de l'Ailette et rejoindrait, d'une part, la ligne en exploitation de Trosly-Loire à Coucy-les-Eppes, par Saint-Erme, et, d'autre part, la rive nord de l'Aisne à Pontavert ;

5º La réfection de la ligne de Fère-en-Tardenois à Cierges et l'accélération des travaux de la section de Faverolles.

De plus, devaient être mises à l'étude les principales lignes ci-après :

1º Les lignes au sud de l'Aisne entre Soissons et Variscourt, pour la reconstruction de cette région ;

2º Un embranchement de Montaigu à Sissonne et de Corbeny à Amifontaine ;

3º Une section desservant une partie de la forêt de Saint-Gobain se réunissant à la ligne actuelle de Trosly-Loire et assurant la jonction du réseau de Saint-Quentin avec celui de Laon ;

4º Une ligne de Cœuvres à Ambleny.

Enfin, d'importantes déposes devaient être étudiées et entreprises le plus tôt possible, afin de dégager les terrains à remettre en culture, notamment dans toute la région du nord de Laon jusqu'à la Serre et entre Marle et Montcornet.

Ces déposes, effectuées sur des points où la voie de 0,60 n'était pas utile à la reconstitution, devaient permettre la récupération d'un matériel très utile pour le déblaiement et la reconstruction des villes et des villages et qui pourrait être mis, dans ce but, à la disposition des entreprises.

Dans le même ordre d'idées, le programme prescrivait au Service de la Voie de 0,60 de s'entendre avec celui de la Récupération militaire, pour mettre énergiquement la main sur le matériel de voie de 0,60 et accessoires, tronçonné ou épars dans toute l'étendue du département et qui, trop souvent, était récupéré, sans autorisation, par les entreprises, ou volé sans vergogne par des particuliers, même étrangers au département. Cet important matériel, dont la valeur atteint près de 20 millions, ne pouvait être laissé plus longtemps à la merci du premier venu et devait être recueilli et stocké ou faire l'objet de prises en charge régulières pour les détenteurs qui s'en étaient emparés et de contrats pour ceux qui feraient, à l'avenir, des demandes régulières, le tout, afin de percevoir, même avec effet rétroactif, les prix de location réglementaires.

Il va sans dire qu'en même temps, la Direction générale prescrivait d'augmenter les transports et notamment ceux de matériaux, par tous les moyens et de réduire les dépenses dans la mesure du possible.

Ce programme fut immédiatement mis en application, mais des difficultés de différents ordres contrarièrent sa réalisation rapide. Au premier rang de ces difficultés, se place le peu de stabilité et de compétence du personnel de surveillance et d'exécution. Ce personnel, embauché hâtivement dans les débuts, ne possède pas toujours la discipline et l'expérience nécessaires.

Il faut d'ailleurs reconnaître que d'autres difficultés naissaient, pour la construction, de l'occupation des terrains dont les propriétaires voulaient reprendre possession, sans parfois consentir à sacrifier leurs avantages personnels aux intérêts généraux. Il a fallu amorcer la création d'un service de parcellaire qui, étant donnée la diversité des cas, a éprouvé souvent les plus grands ennuis pour régler les litiges en cours, bien que les représentants élus du département et les magistrats municipaux aient fourni, en toute occasion, un appui des plus précieux.

Il a fallu aussi compter avec les exigences de la main-d'œuvre ouvrière, exigences croissant en même temps que la cherté de la vie, et également avec l'obligation de ne pas détourner par trop de leur destination les ouvriers agricoles si nécessaires à la reprise de la culture.

Le départ des prisonniers de guerre, main-d'œuvre à la fois souple et peu coûteuse, s'est produit au moment où les travaux étaient activés.

Enfin, le Service des Transports automobiles, malgré tous ses efforts, n'a pu souvent fournir qu'en partie les voitures qui lui étaient demandées pour les explorations ou les inspections et les camions nécessaires pour la récupération du matériel éloigné des lignes exploitées.

La crise des transports par voie normale, transports dont le Service de la Voie de 0,60 était tributaire, tant pour ses combustibles (charbon, essence) que pour ses ingrédients de graissage et pour ses pièces de rechange, a causé aussi un grave préjudice au Service d'exploitation. Cette même crise a empêché l'arrivée de baraquements indispensables dans des régions désertiques pour loger un personnel qui manifeste déjà quelque répugnance à s'y installer. Au mois de février, certains agents isolés de la voie de 0,60 vivaient encore dans des abris souterrains ou dans des cagnas aussi inconfortables qu'insalubres.

Pour ces divers motifs, la réalisation du programme ne s'est pas effectuée avec toute la rapidité que l'on aurait désirée.

Depuis le 1er avril 1920, la réalisation des travaux et l'intensification du trafic se sont poursuivies dans des conditions satisfaisantes.

C'est ainsi qu'il a été construit ou réfectionné 119 kilomètres de lignes :

La ligne de l'Ailette, d'Urcel à Corbeny, est complètement terminée; des trains de voyageurs, instamment demandés par la population, vont être sous peu mis en marche.

La ligne de Corbeny à Pontavert est également construite. Les antennes Saint-Erme, Fleuricourt, Prouvais, Remicourt, ont été réfectionnées.

Dans l'arrondissement de Soissons, les antennes de déblaiement complémentaires, ainsi que les embranchements desservant les sablières, ont été augmentés de 5 kilomètres; dans la section de Faverolles, la ligne de Silly-la-Poterie à Maucreux est terminée.

Dans l'arrondissement de Château-Thierry, la ligne de Fère-en-Tardenois à Saint-Gilles a été complètement réfectionnée. Près de 3 kilomètres sont terminés sur la ligne de Fère à Villeneuve (plâtrière).

La question des occupations de terrains est une gêne, mais l'on espère qu'un arrêté d'occupation temporaire interviendra bientôt; dès qu'il aura paru, les travaux seront poussés avec la plus grande activité.

Dans le réseau de Saint-Quentin, la ligne Fieulaine-Homblière a été terminée, ainsi que l'embranchement de Beauvois à Trefcon. En outre, il a été créé plusieurs antennes formant un ensemble de 20 kilomètres de lignes.

Quant à la ligne de Lesdins au Catelet, elle n'a pu être poussée plus loin que Lehaucourt. Cette ligne devait, en effet, à partir de Bellenglise, emprunter la berge du canal.

Aucune réparation n'ayant été faite à cette berge, la construction de la ligne dans un terrain criblé de trous d'obus aurait dépassé les prévisions budgétaires et aurait sûrement coûté près de 30.000 francs le kilomètre. Mais la Direction générale des Services techniques vient de faire mettre à l'étude la ligne Bohain—Le Catelet, qui serait établie sur l'ancienne plate-forme de la voie métrique, en attendant la reconstruction de celle-ci, les populations de cette zone manquant absolument de moyens de transport. On examinera également la possibilité de faire une ligne provisoire de Lesdins au Catelet, par Levergies et Joncourt, en empruntant aussi l'ancienne plate-forme à voie de 1 mètre. Si l'étude donne des résultats favorables et si les ressources budgétaires le permettent, les travaux pourront être commencés dans quelque temps.

Les lignes ci-après sont également à l'étude :

Pontavert—Berry-au-Bac.

Chavignon—moulin de Laffaux.

Amifontaine—Corbeny—Berrieux.

Saint-Thomas—Sainte-Croix—carrières du Catelet à Hirson.

Frières—Faillouel—Chauny.

Ces lignes seront utilisées pour l'empierrement des routes et pour le transport des matériaux.

Le programme actuel comprend en outre la construction de la ligne de Cœuvres, dont le projet définitif est terminé, mais pour laquelle sont à prévoir des difficultés d'occupation de terrain, aussi que la ligne de Silly-la-Poterie à Corcy.

Quant aux déposes, en conformité avec les ordres les plus récents du ministère, elles ne seront dorénavant effectuées par le Service de la Voie de 0,60 que lorsqu'il s'agira de lignes sur lesquelles l'exploitation viendra à cesser ou de lignes non utilisées, mais dont le fer devra servir à la construction de nouvelles voies.

Je tiens à signaler ici que l'on a interrompu, pendant la période des moissons, les travaux qui ne présentaient pas une urgence réelle, afin de ne pas priver l'agriculture de la main-d'œuvre qui lui était nécessaire, et cela, bien que la plupart des travaux s'effectuent actuellement à l'entreprise, ainsi qu'il en avait été décidé antérieurement. L'on a pu également rendre à l'agriculture plus de 250 travailleurs, grâce à la réduction progressive du personnel d'exploitation.

Du reste, bien que les transports se soient accrus sans cesse, l'on n'a pas hésité à diminuer le personnel d'exploitation et d'administration dans les proportions de plus d'un tiers.

Les difficultés d'installation et d'organisation sont, en effet, actuellement aplanies et, par surcroît, le personnel est suffisamment au courant pour que l'on puisse en réduire le nombre.

Il en résulte que le prix de la tonne kilométrique s'abaisse en même temps que s'accroît l'importance du trafic : son prix est actuellement de 1ᶠ 25 tout compris. Il pourra être encore abaissé et nous espérons, dans quelques mois, le voir se stabiliser entre 90 centimes et 1 franc, si, toutéfois, le prix des combustibles ne subit pas une augmentation supérieure à 15%.

L'on avait pensé autrefois à exploiter par entreprise ou à la tâche, mais les prix qui sont demandés et qui varient entre 1ᶠ 50 et 2 francs par tonne, seraient supérieurs aux prix actuels de revient et les offres qui ont été faites n'ont pu, en conséquence, être retenues. Il faut toutefois reconnaître que les tarifs pratiqués actuellement sont essentiellement déficitaires puisque, en tenant compte de l'application des tarifs spéciaux réduits, la moyenne du prix de la tonne kilométrique est de 37 centimes, mais il est juste d'ajouter que la plupart des transports ont lieu pour les services d'État.

Les recettes perçues des particuliers s'élèvent à environ 300.000 francs seulement depuis le début de l'année.

TABLEAU

Progression mensuelle des kilomètres en exploitation et du tonnage kilométrique
transporté du 1ᵉʳ avril 1919 au 1ᵉʳ septembre 1920.

DATES	KILOMÈTRES EN EXPLOITATION	TONNES KILOMÉTRIQUES TRANSPORTÉES
1919 Avril	147	45.000
— Mai	157	87.000
— Juin	189	97.000
— Juillet	224	116.000
— Août	243	147.000
— Septembre	246	160.000
— Octobre	257	192.000
— Novembre	283	201.000
— Décembre	305	221.000
1920 Janvier	323	241.000
— Février	342	242.000
— Mars	371	310.000
— Avril	401	384.000
— Mai	428	393.000
— Juin	453	462.000
— Juillet	485	462.000
— Août	490	412.000
Total. . .		4.172.000

Prix de revient de la tonne kilométrique
(y compris les frais d'administration
et les frais de réparation aux ateliers régionaux).

31 décembre 1919 . . . . 1ᶠ 45
31 mars 1920 . . . . 1 35
30 juin 1920 . . . . 1 30
31 août 1920 . . . . 1 25

Dépenses d'exploitation du 1ᵉʳ janvier au 31 août 1920 . . 3.960.000ᶠ

Prix moyen des travaux.

Dépenses pour travaux, du 1ᵉʳ janvier au 31 août 1920
(y compris ballastage, installations, baraquements et transports en service) 3.140.000ᶠ

La valeur des rails et accessoires et celle du matériel téléphonique
ne sont pas comprises dans la somme ci-dessus.

Cette somme se répartit comme suit :

Construction : 110 kilomètres. . . . . 1.700.000^f
Réfection : 99 kilomètres. 860.000
Dépose : 261 kilomètres 580.000
Total égal. . . . . 3.140.000^f

Ce qui fait ressortir un prix moyen de :

Construction . . . . 15.500^f par kilomètre.
Réfection. . . . . 8.500   —
Dépose (mise en stock comprise) . . 2.200   —

Les prix comprennent les frais de direction, d'administration et de surveillance afférents aux travaux.

LES TRANSPORTS AUTOMOBILES

Organisation.

Le Service des Transports automobiles a été créé et a fonctionné dès l'armistice.

C'est l'autorité militaire qui, la première, a eu le devoir et la responsabilité de récupérer et de grouper les moyens de transports.

L'organisation était embryonnaire.

A partir du mois d'avril, la démobilisation survenant, on dut remplacer les conducteurs militaires qui successivement étaient démobilisés.

Une réorganisation s'imposa. On créa des unités mixtes, composées de militaires mis en sursis d'appel et de contrôleurs civils. Quelques sections seulement, complètement militaires, subsistaient.

Fonctionnement.

Le Service des Transports était régional. Les départements de l'Aisne, de la Somme et de l'Oise formaient une même région et avaient une direction unique. La tâche de ce directeur était beaucoup trop lourde. De plus, les besoins n'étaient pas partout les mêmes ; les ordres arrivaient tard, à contre-temps, ou n'arrivaient pas du tout. Il fallait laisser aux chefs locaux beaucoup d'initiative. C'était indispensable, mais cette manière de faire avait des inconvénients, que la pratique révéla. Chacun agit pour son compte, avec ses idées personnelles. Les directives venues de Paris étaient mal comprises et appliquées de différentes façons; des abus même se produisirent.

Les transports des régions libérées étaient assurés dans l'ordre de priorité suivant :

1º Ravitaillement;

2º Les travaux de première urgence (T. P. U.), chemins de fer, voie de 0,60 et canaux;

3º Travaux divers.

Tous les transports étaient gratuits pour tout le monde; mais des particuliers et des services furent plus favorisés les uns que les autres. Il y eut des réclamations nombreuses; c'était inévitable.

Afin de diminuer, dans la mesure du possible, les inconvénients de cet état de choses, le décret du 6 août 1919 supprima l'organisation régionale et le Service des Transports fut placé dans chaque département sous les ordres immédiats du préfet.

Composition.

Il y avait, à l'origine, dix sections pour le département de l'Aisne :

2 à Laon;
2 à Saint-Quentin;
2 à Vervins et Hirson;
2 à Soissons;
2 à Oulchy-le-Château et Château-Thierry.

A la faveur de cette organisation nouvelle, des unités furent créées dans tout le département de l'Aisne. Leur chiffre fut porté de dix à vingt-quatre (automobiles et hippomobiles).

A la date du 26 août 1919, on décida que des transports seraient effectués pour tous les particuliers à titre onéreux. Ce procédé était avantageux à tous les points de vue, car il diminua les abus et facilita le contrôle.

Des dispositions furent prises pour mettre les véhicules et les chevaux disponibles à la disposition du public.

Des pourparlers furent engagés avec les grandes entreprises de la région pour leur louer les véhicules et les chevaux non employés.

Essence et pétrole.

Enfin, le Service des Transports fut également chargé de recevoir, d'emmagasiner et de distribuer l'essence, le pétrole et les ingrédients nécessaires au département de l'Aisne.

Compression des services. Personnel.

En exécution de la circulaire ministérielle du 19 juillet, l'effectif du personnel, qui était au 1ᵉʳ juin de 1.415, a dû, pour le 31 août, être réduit de 50 %. Pour le 1ᵉʳ octobre, cet effectif devra être réduit au chiffre de 470.

Le licenciement du personnel a donc nécessité la dissolution de six sections, et, pour exécuter les transports nécessaires dans le département, il ne restera que neuf sections réparties ainsi qu'il suit :

        3 sections stationnées à Laon ;
        2   —   Saint-Quentin ;
        2   —   Soissons ;
        1   —   Hirson ;
        1   —   Château-Thierry.

Matériel.

A cette compression du personnel a dû correspondre une diminution du matériel. Des ventes ont été organisées par le Service des Transports généraux dans le département. Huit ventes ont eu ainsi lieu sous la direction de l'Administration des Domaines, aux mois de mars, avril, mai et juin.

Actuellement, ces ventes ont été suspendues par ordre de l'Administration centrale.

Elles seront désormais effectuées par les soins du sous-secrétariat à la Liquidation des stocks.

Résultats de l'exploitation.

Si nous prenons, par exemple, le mois de juillet 1920, le relevé des transports effectués dans le département peut se décompter comme suit :

        Nombre de kilomètres parcourus. 548.877
        Tonnage kilométrique. 1.412.392

Il a été versé au Trésor, le 1ᵉʳ juillet, une somme de 1.388.652 francs, représentant les recettes effectuées pendant la période du 25 mai au 26 juin inclus. Le 29 du même mois, il a été effectué un second versement de 1.558.828 francs, représentant les recettes pour la période du 27 juin au 26 juillet.

Actuellement, il n'est plus consenti de transports à titre onéreux pour les particuliers.

Enfin, pour la période du 1er avril au 26 juillet, il a été cédé à la Motoculture d'État 529.700 litres d'essence, 555.013 litres de pétrole, et aux agriculteurs particuliers 468.329 litres d'essence et 198.329 litres de pétrole.

LES TRANSPORTS HIPPOMOBILES

Lors de l'organisation des services de reconstitution, les transports hippomobiles n'existaient pas en tant que services autonomes. Chaque chef de district du S. T. E. avait son service hippomobile qu'il formait et dont il usait suivant ses idées personnelles.

Cette manière de faire présentait de graves inconvénients : la compétence des chefs de district en matière d'entretien des chevaux n'était souvent pas suffisante. D'aucuns avaient développé l'importance de leur cavalerie dans des conditions anormales. C'est pour ces raisons que, le 8 mars 1920, l'on décida d'incorporer les animaux et le matériel du Service des Travaux d'État dans le Service hippomobile des Transports généraux.

Les services rendus par le Service hippomobile allaient en augmentant; d'autre part, le désir d'alléger la tâche du chef du Service des Transports généraux fit que l'on décida de confier les services hippomobiles à un chef de service départemental, qui devait en assurer l'organisation complète à la date du 1er mai « sous son autorité et sa responsabilité ».

Ce chef de service dut demander au S. T. E. les renseignements de toutes natures concernant le personnel, les animaux, le matériel et les installations, en vue de leur passage aux T. G. et de leur fusionnement avec les T. H. existantes.

Au 1er mai, il fut créé dix-neuf T. H., ajoutées aux six anciennes T. H. Le service départemental fonctionna donc avec vingt-cinq unités, et un parc de réparations à Laon, disséminées dans le département et composées d'un effectif moyen de 250 animaux formant un total exact de 6.319 chevaux ou mulets.

La Direction eut son siège fixé à Laon.

Le Service fut réparti en trois groupements : à Saint-Quentin

Laon et Soissons, ayant respectivement à leur tête un chef de groupement.

Les unités étaient stationnées :

Groupement de Saint-Quentin.

T. H.	0506	à Saint-Quentin.
T. H.	0552	—		(service fluvial).
T. H.	0552	—
T. H.	0579	—
T. H.	0580	—
T. H.	0581	—
T. H.	0582	au Catelet.
T. H.	0583	à Guise et une section à Bohain.
T. H.	0584	à Vermand.
T. H.	0585	au Nouvion.
T. H.	0586	à Vervins et une section à Saint-Michel (Service des Bois).
T. H.	0587	à Ribemont.
T. H.	0588	à Moy.
T. H.	0589	à Flavy-le-Martel et une section à Saint-Simon.

Groupement de Laon.

T. H.	0513	Laon (route de Chambry).
T. H.	0530	—
T. H.	0578	à La Fère et une section à Chauny.
T. H.	0593	à Coucy-le-Château et une section à Anizy-Pinon.
T. H.	0594	à Sissonne et une section à Neufchâtel.
T. H.	0595	à Beaurieux.
T. H.	0596	à Saint-Marcel-sous-Laon (Service des Bois).

Groupement de Soissons.

T. H.	0528	à Soissons et une section à Vic-sur-Aisne.
T. H.	0529	à Oulchy-le-Château et une section à Fère-en-Tardenois et Neuilly-Saint-Front.
T. H.	0590	à Saint-Jean-des-Vignes (près Soissons).
T. H.	0591	à Braine et une section à Vailly.
T. H.	0592	à Château-Thierry.

Ces vingt-cinq unités comprenaient en personnel, un effectif moyen (variant suivant les besoins), savoir :

1 chef d'unité;
1 comptable;

____

(1) Unités supprimées à la date du 1er septembre 1920.

1 commis ;
3 chefs de section ;
3 chefs charretiers ;
120 charretiers ;
1 sellier ;
1 charron ;
1 maréchal-ferrant.

Et un matériel roulant se composant de chariots de parc, chariots allemands et américains, tombereaux, et plus ou moins de voitures de modèles divers.

Alimentation des animaux.

Dans chaque groupement, un agent de ravitaillement est spécialement chargé d'assurer la nourriture des animaux, dont le taux des rations est :

5 kilos de paille, 4 kilos de foin, 5 kilos d'avoine.

Ce service est tout particulièrement surveillé, tant pour les achats que pour une bonne répartition des denrées.

Il était indispensable d'établir ces taux et une vérification serrée, afin d'éviter du coulage : les unités et leur agent de ravitaillement fournissent donc mensuellement et contradictoirement à la Direction un état faisant ressortir leur situation en fourrages.

Service vétérinaire.

Au 1er mai, la cavalerie venue du S. T. E. était dans un état lamentable ; sur 5.452 animaux reçus, 1.640 étaient très galeux, dont 745 dans un état de misère physiologique extrême.

Une infirmerie vétérinaire départementale fut immédiatement créée à Laon, ainsi qu'une infirmerie à Vermand, pour le groupement de Saint-Quentin, et une au ru de Chailly, pour celui de Soissons, dans lesquelles furent isolés tous les galeux, qui y ont été traités très énergiquement.

Les plus grands galeux furent soignés à l'infirmerie départementale, dans laquelle une chambre, munie d'un appareil sulfurogène, système « Clayton », fut installée dès qu'il a été matériellement possible de le faire.

Enfin, pour parfaire leur traitement, les animaux ont été mis dans des pâturages jusqu'à complète guérison.

Résultat : plus de 90% de ces animaux furent sauvés, comme l'indiquent les chiffres suivants :

Animaux morts pendant le mois de mars 272
—				—			d'avril. 247
—				—			de mai 59
—				—			de juin 53
—				—			de juillet 39

Rendement des T. H.

Le Service des T. H. a pour but :

1º D'assurer les transports pour travaux d'État ou publics, qui ont la priorité;

2º De venir en aide à la culture;

3º D'effectuer des transports pour le compte des particuliers.

Le chef de service a demandé aux différents districts du S. T. E., de lui faire connaître le nombre d'animaux nécessaires pour l'exécution de leurs travaux. Il a constaté qu'il pouvait mettre 2.500 chevaux ou mulets à la disposition des cultivateurs du département. D'ores et déjà, 1.200 animaux ont été cédés au comptant, à leur prix d'estimation, par une commission régulière; 950 sont loués par contrat, pour une période déterminée, tandis que 80 attelages à trois chevaux, avec ou sans conducteur, sont loués pour aider et activer la rentrée des récoltes.

Les cessions furent relativement lentes; cela tient à ce que, en général, la cavalerie des T. H. ne correspond pas au désir des agriculteurs du département, qui recherchent surtout des chevaux de gros trait. En conséquence, un certain nombre de mulets et de chevaux de très petite taille furent centralisés dans la région vignoble de Charly et vendus aux enchères publiques, en tenant compte des bons de priorité délivrés par la préfecture.

Les chiffres d'exploitation ci-dessous indiqueront la marche ascendante des transports effectués pour le S. T. E., les Ponts et Chaussées et particuliers :

Mai. 298.202ʳ 50
Juin 1.792.512 45
Juillet. 2.384.310 50

La T. H. 0552, à Saint-Quentin, assure le halage des bateaux, sur le canal de Lesdins à Fargnier, avec un effectif de 200 animaux. Elle fut créée en octobre 1919, afin de suppléer au fonctionnement défectueux des tracteurs, qui furent cause, à plusieurs reprises, de l'embouteillement du canal à Saint-Quentin.

Les T. H. 0586 à Vervins et Saint-Michel et 0596, à Saint-Marcel-sous-Laon, font exclusivement des transports de bois.

Elles alimentent différentes scieries de bois en grume et transportent le bois débité aux gares, qui expédient ce bois de chauffage aux divers groupements charbonniers du département.

Suppression du Service hippomobile.

En exécution des prescriptions de la circulaire ministérielle n° 425 B. C. 2056 du 19 juillet dernier, les effectifs du S. T. H. devaient être réduits de 50 % au 1er septembre prochain et intégralement liquidés avant le 1er novembre 1920.

Par suite de l'exécution de la première partie de ce programme de suppression, les moyens de transports sont très réduits dans le département. De là, les réclamations du S. T. E. et de nombreux entreprises de travaux publics et particuliers, travaillant à la reconstitution des régions sinistrées, affluent déjà dans des proportions considérables.

En outre, certaines agglomérations — notamment Saint-Quentin où 60 tonnes à eau circulent quotidiennement pour alimenter la population, Saint-Simon, Le Catelet, etc. — se trouvent dépourvues de tous moyens de communication et vont se voir incessamment privées de leur unique mode de ravitaillement pour leurs populations et des transports pour les charrois de matériaux.

Cependant le Service des Transports hippomobiles, tel qu'il était organisé maintenant, rendait déjà d'indéniables services au département. Il allait être parfaitement mis au point, étant réduit au strict minimum en personnel compétent, en animaux et en matériel nécessaires pour obtenir un maximum de rendement. Il allait, d'ailleurs, se suffire à lui-même, c'est-à-dire n'allait plus être du tout à la charge de l'État.

Conclusion.

Le S. T. H. qui a fatalement nécessité, pour son installation, de grosses charges à l'État, est supprimé précisément au moment où il allait entrer dans la période d'amortissement, tout en rendant d'immenses et précieux services indispensables au département de l'Aisne, si particulièrement éprouvé.

LES CANAUX

La remise en état des transports par eau.

1° *Service spécial de la navigation entre la Belgique et Paris.*

Le Service de la Navigation entre la Belgique et Paris comprend, dans le département de l'Aisne, les voies navigables ci-après :

Le canal de la Sambre à l'Oise, de Fesmy à La Fère . . . 53 kilomètres.
Le canal de Saint-Quentin, y compris la branche de La Fère, de Vendhuile à Chauny. . . . . 70 —
Le canal latéral à l'Oise, de Chauny à l'amont de l'écluse Saint-Hubert . . . . 8 —
Le canal de l'Oise à l'Aisne, sur toute sa longueur, soit. 48 —
Le canal latéral à l'Aisne, de la limite du département à Celles. . . . . 47 —
L'Aisne canalisée, de Celles à la limite du département de l'Oise . . . . 34 —

A la date de l'armistice, la navigation était impossible sur toutes ces voies, par suite de la destruction ou de la mise hors d'usage de tous les ouvrages (ponts, écluses, barrages, prises d'eau d'alimentation) et de la présence des débris de toute nature qui encombraient la cuvette des canaux ou le lit de la rivière d'Aisne.

Aujourd'hui, la navigation est reprise sur toutes ces voies, sauf sur le canal de l'Oise à l'Aisne dont le déblaiement n'est pas commencé et sur la partie du canal latéral à l'Aisne, en amont de Berry-au-Bac.

7 ponts sur 174 sont reconstruits définitivement.

120 ponts sont reconstruits ou réparés provisoirement.

Une écluse de chacun des dix-huit groupes d'écluses doubles du canal de Saint-Quentin est reconstruite définitivement; toutes les écluses simples, sauf celles du canal de l'Oise à l'Aisne, sont reconstruites définitivement.

La reconstruction de la 2e écluse est en cours et presque achevée à plusieurs groupes d'écluses doubles du canal de Saint-Quentin.

Les ouvrages d'alimentation des canaux en service sont restaurés.

Des études sont en cours, en vue de l'amélioration éventuelle du tracé du canal de l'Oise à l'Aisne ou de la construction d'un embranchement permettant de desservir la région de Laon.

2° *Le canal de l'Aisne à la Marne.*

Le tracé du canal de l'Aisne à la Marne se développe dans les départements de l'Aisne et de la Marne, de Berry-au-Bac (Aisne) à Condé-sur-Marne (Marne).

La longueur du canal est de 58 kilomètres dont 600 mètres seulement dans le département de l'Aisne.

A l'armistice, le canal de l'Aisne à la Marne se trouvait dans la situation suivante :

1° Partie en eau, où moyennant quelques travaux de faible importance, la navigation était possible : de Condé à l'écluse de Wez. . . . . 18 km 500

2° Partie fortement détériorée et où la navigation ne pourrait être pratiquée que dans un délai de quelques mois pour permettre l'exécution des travaux de réparation de l'écluse de Wez à Courcelles . . . . 18 mk 500

3° Partie complètement bouleversée et dans laquelle la remise en eau nécessiterait des travaux *très importants :* de Courcelles—Saint-Brice à Berry-au-Baz. . . . . 21 km »

Total égal. . . . . 58 km »

Les travaux à exécuter ont été divisés en deux secteurs : l'un confié à l'entreprise Morillon Corvol et Cie, et concernant la partie du canal comprise entre l'écluse de Wez et La Neuvillette (près Reims) . 22 km 300 l'autre confié à l'entreprise Moine et s'étendant de La Neuvillette à Berry-au-Bac. . . . . 17 km 200

Dans la section située sur le territoire du département de l'Aisne, l'écluse de Berry-au-Bac, la maison éclusière et le pont sur écluse étaient complètement détruits, le bief totalement bouleversé.

Les travaux de reconstruction et de remise en état de la voie navigable dans cette section sont, à l'heure actuelle, presque entièrement terminés. On escompte que, d'ici à un mois, la remise en eau de la voie navigable sera effectuée sur une longueur de 4 kilomètres à partir de Berry-au-Bac, soit jusqu'au port de La Neuville.

D'ores et déjà, la navigation se pratique sur le canal, à l'enfoncement normal de 1m 80 sur une longueur de 37 kilomètres à partir de Condé-sur-Marne.

Les études sont en cours, en vue de l'amélioration éventuelle du tracé du canal de l'Oise à l'Aisne ou de la construction d'un embranchement permettant de desservir la région de Laon.

2° Le canal de Jonction à la Marne

Le canal de l'Aisne à la Marne se développe [dans le] département de l'Aisne et de la Marne, de Berry-au-Bac (Aisne) à Condé-sur-Marne (Marne).

La longueur du canal est de 58 kilomètres dont 600 mètres seulement dans le département de l'Aisne.

A l'an... dernier, le canal de l'Aisne à la Marne se trouvait dans la situation suiv...:

1° Partie en eau et normalement exploitée; quelques travaux de faible importance, la navigation était possible [jusqu'à] ... de l'Aisne ...... 18 m 500

2° Partie [reprofilée] et [dérasée] et où la navigation n'était pas possible que pendant quelques [délais] de quelques mois pour permettre l'exécution des travaux de réparation de l'écluse de Muret à Cour-...... 18 m 500

3° Partie complètement bouleversée et dans laquelle le ... [illegible] ... Saint-Hilaire à Brey-en-Bac ...... 21 km

Total égal ...... 58 km

Observations ... [illegible] ... [est] divisée en deux sections : une seule à Prolongée, ... [illegible] ... suivant la partie du canal comprise entre [Condé]-sur-Marne, ... [illegible] ... [entre] Berry-au-Bac et La Neuville ...... 12 m 500

Dans la ... [illegible] ... sur le territoire du département de l'Aisne, [entre] de Berry-au-Bac, ... [illegible] ... et le pont qui [relie] étant complètement détruits, le lit [totalement] bouleversé.

Les travaux de reconstruction et de remise en état de la voie navigable dans cette section sont, à l'heure actuelle, presque entièrement terminés. On compte que, d'ici à un mois, la remise en eau de la voie navigable sera effectuée sur une longueur de 4 kilomètres à partir de Berry-au-Bac, soit jusqu'au port de La Neuville.

Donc et déjà, la navigation se pratique sur le canal, à l'enfoncement normal de 1 m 80 sur une longueur de 37 kilomètres à partir de Condé-sur-Marne.

LES SERVICES ADMINISTRATIFS DÉPARTEMENTAUX

TROISIÈME PARTIE

LES SERVICES ADMINISTRATIFS DÉPARTEMENTAUX

CHAPITRE I

LES SERVICES D'ASSISTANCE

———

Comme dans tous les services administratifs de notre département, la guerre a causé à l'Inspection de l'Assistance une perturbation générale considérable, avec cette aggravation que nos archives (registres, dossiers, pièces comptables) ont été presque entièrement détruites par l'ennemi.

Au 1er décembre 1919, malgré les efforts tentés depuis un an par un personnel expérimenté, il fallut sans retard s'attacher à découvrir la résidence de plusieurs centaines de pupilles dispersés lors de l'invasion.

Une autre difficulté, tout aussi grave, venait de rendre la situation plus embarrassante encore : la menace de ne plus trouver de nourrices pour nos enfants sans placement.

Les gardiennes, très éprouvées par l'occupation ennemie, manifestaient, d'autre part, l'intention de rendre à l'Administration des pupilles auxquels elles ne pouvaient plus donner pour asile que des maisons ravagées et, partant, très inconfortables. Une autre raison qu'elles invoquaient pour se débarrasser de leur charge était constituée par l'infime pension accordée aux enfants, pension qui ne répondait plus aux nécessités de l'heure.

Le devoir qu'imposaient les circonstances avait, en conséquence, un triple objet : reconstituer administrativement le service, rechercher et rapatrier les pupilles, procurer à nos enfants des placements offrant toutes les garanties désirables.

Reconstitution des archives.

Les rares documents restés à l'Inspection n'ont permis que très lentement l'élaboration des contrôles et, pendant plusieurs mois, les travaux se sont bornés à des recherches difficultueuses, gênées par la destruction même, dans leurs mairies respectives, des actes d'état civil des pupilles.

Ce n'est que par un effort soutenu, effort que j'ai le devoir de souligner, que le personnel est arrivé à réunir et à centraliser les renseignements nécessaires à la confection des 3.000 dossiers des enfants et à l'établissement des registres indispensables pour la marche du Service.

Mais cette œuvre de réédification complète, qu'au premier abord on eût jugé irréalisable, est aujourd'hui un fait accompli.

Une organisation rationnelle et méthodique assure maintenant à nos services, avec le minimum de difficultés, le maximum de résultats.

Rapatriement des pupilles.

A la reprise effective des services d'assistance, 402 enfants se trouvaient disséminés dans quarante-six départements et, fait digne de remarque, ce nombre était en grande partie constitué par des mineurs de plus de treize ans, placés en domesticité.

Ces enfants représentaient une main-d'œuvre dont le département pouvait avoir le plus pressant besoin dans la période de reconstitution agricole qu'il traverse.

Il ne fallait pas, en effet, que ce pays, si cruellement frappé par la guerre, abandonnât à des régions non éprouvées, à l'heure où il faisait appel à toutes les énergies, le bénéfice du travail accompli par des pupilles pour lesquels il s'imposait les plus lourds sacrifices.

Le rapatriement de ces enfants s'est fait avec une extrême célérité, et, si quelques-uns d'entre eux se trouvent encore dans des départements étrangers, c'est que les conditions particulières de leur placement ne m'ont pas permis jusqu'ici leur rentrée dans l'Aisne. Ce sera, d'ailleurs et avant peu, chose faite.

Recrutement des nourrices.

Devant la rareté des demandes d'enfants adressées à l'Inspection, devant les refus opposés aux offres faites par les personnes à qui on proposait de jeunes pupilles, le seul moyen efficace pour provoquer une réaction heureuse fut l'augmentation des taux de pension, jusqu'alors dérisoires.

L'adoption de tarifs plus élevés par le Conseil général a eu pour conséquence immédiate de rendre au mouvement de nos placements une élasticité presque normale et de diminuer, par contre-coup, les frais de séjour des enfants à l'hospice dépositaire. C'est là un résultat d'un heureux effet, mais ce n'est pas le seul obtenu.

Le grand avantage qu'on ait également retiré de la situation améliorée est le retrait le plus rapide des nourrissons d'une crèche où le défaut d'appareils stérilisateurs du lait constitue un vice d'alimentation et partant un danger pour l'enfance.

L'hospice remplacera dans un bref délai les stérilisateurs dont on faisait normalement usage avant la guerre, et il sera scrupuleusement veillé à ce que ne se reproduisent pas des errements qui pourraient coûter quelques existences.

De plus, il a été inscrit dans le budget provisionnel une somme de 3.600 francs destinée à l'achat de marmites Budin qui seraient remises, à titre de prêt, pendant les quinze mois d'alimentation lactée, aux personnes élevant de tout jeunes pupilles.

Des instructions écrites détaillées seront données aux nourrices sur l'emploi de ces appareils, et cette innovation — faite dans l'intérêt de l'enfance — amènera une diminution notable de la mortalité.

Deniers pupillaires.

L'on ne s'est pas seulement attaché à ces réformes de puériculture; mais l'attention se porta également aux grands pupilles, dont il y avait lieu de sauvegarder les droits et d'arrondir le pécule.

Des règlements de comptes pour l'arriéré de la guerre, règlements poursuivis avec rigueur et ténacité, ont eu pour effet de faire rentrer les enfants dans les salaires qu'ils avaient péniblement gagnés au cours des années d'invasion.

D'autre part, une élévation très importante des gages, calculés dans la proportion de 1 à 3 par comparaison avec ceux d'avant-guerre, ont mis les pupilles sur le pied d'égalité avec les autres travailleurs, et l'on peut affirmer que l'avoir pupillaire subira une inflation extrêmement importante dans un avenir très prochain.

La destruction des registres de gestion a contraint à un travail matériel considérable pour l'apurement de plus de 1.500 comptes, mené de pair avec la confection des registres de remplacement.

Cette partie du Service, l'une des plus importantes, est aujourd'hui mise au point.

L'assistance aux familles nombreuses.

Les archives de ce Service ayant été complètement détruites au moment de l'occupation allemande, il en est résulté, pendant toute la guerre, une gêne considérable dans le fonctionnement de cet organe créé par la loi du 14 juillet 1913.

Le cadre restreint des employés non touchés par la mobilisation ne permettait pas de procéder à une reconstitution rationnelle de toutes les pièces, registres, fiches, dossiers, nécessaires à la marche normale du Service.

D'autre part, la dispersion des bénéficiaires de ladite loi venait augmenter les difficultés des recherches pour le mandatement des allocations.

De sorte qu'à l'armistice, malgré tous les efforts accomplis par les fonctionnaires attachés à ce service, ce dernier se trouvait être sinon en pleine désorganisation, du moins très loin encore de la situation normale.

Il restait, à cette date, 500 dossiers nouveaux à établir et tous les anciens dossiers à reconstituer. La comptabilité basée sur de simples états signalétiques certifiés par témoins manquait d'éléments de contrôle exacts. Et les registres, par la force même des choses, n'offraient que des garanties imparfaites.

Tel était l'état du Service au moment où la préfecture revint s'installer au chef-lieu du département.

En un an, la situation a été redressée, de telle sorte qu'à l'heure actuelle le Service peut être considéré comme à jour.

Dossiers, fiches, registres — tout le bagage documentaire — ont été rétablis de manière à permettre un fonctionnement régulier.

La mise au point demandera certes quelques efforts de plus. Elle devra porter :

1º Sur la recherche des nouveaux domiciles de secours acquis par les anciens assistés depuis le 23 octobre 1919;

2º Sur la liquidation financière des exercices écoulés.

Cette liquidation offrira certaines difficultés de réalisation, en raison de l'impossibilité où l'on se trouve de tabler sur des contingents communaux calculés d'une façon précise.

Mais il y a lieu d'envisager — et c'est la solution définitive la plus rapide, comme la seule pratique — une ventilation dans laquelle la part contributive des collectivités assistantes serait déterminée globalement, l'État prenant à sa charge les dépenses incombant aux communes ruinées.

Ce travail de liquidation sera prochainement entrepris, l'on a de bonnes raisons de croire que le retour à la situation d'avant-guerre pourra être obtenu en 1921.

L'assistance aux vieillards, aux infirmes et aux incurables.

L'invasion allemande, en donnant lieu à la destruction systématique des archives du Service, y a porté la plus grande désorganisation.

Tous les documents ayant disparu, il a été extrêmement difficile pendant la guerre d'assurer le paiement des allocations, paiement que l'évacuation des bénéficiaires de la loi de 1905 rendait plus pénible encore.

A l'armistice, la situation du Service était la suivante : listes d'assistés disparues, registres incomplets, fiches inexistantes.

Le mandatement se faisait par des moyens de fortune, avec l'imprécision que donnait l'absence de documents formels de contrôle.

Il a fallu réédifier tout le système administratif par l'envoi de questionnaires *ad hoc* et la centralisation des renseignements puisés à toutes les sources utiles.

Les vieillards — dont la plupart furent dispersés en France non occupée — se sont signalés eux-mêmes à l'attention des Pouvoirs publics par leurs réclamations plus ou moins justifiées. Et l'on a pu, à grand'peine, reconstituer leurs dossiers et, consécutivement, mettre au point les registres de décomptes.

A l'heure actuelle, la marche du Service approche de la normale.

Il reste à régler l'arriéré des allocations (on attend, pour effectuer ce règlement, le retour, après approbation, du budget supplémentaire) dont il y aura lieu de déduire le montant du ravitaillement reçu par les intéressés.

Et, chose plus importante, nous aurons à effectuer l'inéluctable liquidation des dépenses pour les exercices 1914-1919.

Cette ventilation devra, pour être résolue rapidement, se faire dans la même modalité que pour l'assistance aux familles nombreuses, c'est-à-dire que le calcul des parts contributives des collectivités devra être fait globalement, sous réserve de l'intervention de l'État pour les communes ruinées, dont la participation ne peut logiquement être exigée, faute d'impositions régulières et de centimes communaux, seules bases de calcul pour les contingents.

Un gros effort sera nécessaire encore pour arriver à l'achèvement de ce travail délicat. Néanmoins, je crois être en mesure de pouvoir promettre qu'il sera mené à bonne fin dans le courant de l'année prochaine.

Service des Aliénés.

Tous les dossiers des malades et tous les documents et registres de comptabilité ont été détruits ou enlevés par les Allemands.

Pendant la guerre, ce Service n'a eu à fonctionner que d'une manière relativement faible et il a rencontré dans sa marche de sérieuses difficultés, créées surtout par l'exode des malades de l'asile de Prémontré.

A l'armistice, l'établissement en question, très éprouvé, ne pouvait recevoir qu'un nombre très limité de malades et, malgré tous les efforts accomplis à ce jour, le nombre des aliénés qui y sont traités est à peine de 300, alors qu'avant guerre les disponibilités étaient de 1.200 à 1.300 lits.

Les services de la préfecture ont fait leur possible pour réorganiser une situation normale et, à l'heure actuelle, on peut dire que le Service des Aliénés a fonctionné de façon rationnelle.

Il y a cependant beaucoup à faire encore pour arriver à la situation d'avant-guerre.

Le programme du rétablissement complet du Service peut se diviser comme suit :

1° Recherche du domicile de secours des aliénés. Cette connaissance du domicile est absolument nécessaire pour le calcul du contingent des communes et des autres collectivités intéressées ;

2° Calcul du contingent des familles. Les indications indispensables pourront être puisées dans les documents comptables de la Cour des Comptes ;

3° Liquidation financière pour les exercices antérieurs à 1920.

Je crois devoir ajouter que ce travail de reconstitution sera assez long, étant données les recherches à faire a travers la comptabilité de plusieurs années. L'on peut espérer toutefois qu'il sera terminé en 1920.

L'assistance médicale gratuite.

Ici encore, comme pour tous les autres services d'assistance, la destruction ou l'enlèvement de tout ce qui avait rapport à l'application de la loi du 15 juillet 1893 a considérablement augmenté la tâche.

Pendant les hostilités, les bureaux se sont efforcés, tout en assurant le service courant, de reconstituer, par l'envoi de questionnaires aux maires des communes non occupées, les listes d'assistance médicales détruites ou disparues. Mais cette reconstitution ne pouvait être que partielle, puisque la plus grande partie du département subissait le joug de l'envahisseur.

De sorte qu'à l'armistice, le Service était encore à organiser presque entièrement.

Avec une ardeur dont il y a lieu de tenir compte, les employés se sont voués à cette tâche ardue et, jour par jour, ont centralisé les éléments constitutifs du Service.

Les dossiers et les registres de comptabilité sont maintenant en règle.

Il reste encore, pour la mise au point définitive, à rechercher le domicile de secours des assistés qui, par suite de leur évacuation, ont acquis depuis le 23 octobre 1919 des droits à l'assistance d'autres collectivités que celles d'avant-guerre.

Ce travail est en cours.

Il y aura, d'autre part, à liquider et à ventiler les dépenses des exercices 1914-1919. Cette partie de la reconstitution nécessitera quelques mois encore, par suite de la difficulté où l'on se trouve de réunir les pièces comptables indispensables. D'ailleurs, la ventilation de ces dépenses antérieures ne pourra être faite que d'une manière globale, les communes intéressées n'ayant pu s'imposer pendant la guerre et le calcul du contingent communal ne pouvant être déterminé de façon précise à cause de l'inexistence du centime.

L'achèvement de ce travail peut être prévu pour le cours de l'année 1921.

Service des femmes en couches.

La guerre n'a que peu atteint ce service qui venait à peine d'être créé. Les lois des 17 juin et 30 juillet 1913 n'avaient pu encore recevoir une application intensive, de sorte que les archives détruites par l'ennemi n'offraient qu'un intérêt restreint, et leur disparition n'entraînait pas une désorganisation complète du Service.

Au reste, l'assistance accordée en vertu des lois précitées revêt un caractère très temporaire et les dossiers des assistés ne retiennent l'intérêt de l'Administration que pendant une période très brève (une année au plus).

C'est ce qui fait que le travail de réorganisation imposé par la guerre est limité à la reconstitution d'une comptabilité s'étendant sur quelques mois à peine et à la liquidation des dépenses relatives aux années 1914-1919.

Cette reconstitution n'offre pas les difficultés que j'ai envisagées pour les autres services d'assistance et elle sera un fait accompli dans le courant de l'année.

En ce qui concerne la liquidation des dépenses, elle se trouve simplifiée par ce fait qu'on ne sera pas astreint à des recherches longues et pénibles, les documents nécessaires étant en majeure partie en possession du Service.

CHAPITRE II
L'OFFICE DÉPARTEMENTAL DE PLACEMENT

Le placement public a été organisé en France sur des bases sérieuses, avec des méthodes éprouvées dont la sanction fut les conditions des plus satisfaisantes dans lesquelles eut lieu la démobilisation. L'Angleterre et l'Allemagne surtout nous avaient précédés dans cette voie et donné à ces institutions un très grand essor.

Dans ces pays de grande production, où la masse ouvrière est imposante par le nombre, forte par ses organisations syndicales, les offices publics ont réalisé merveilleusement le lien que le capital et le travail ne pouvaient eux-mêmes réaliser.

Au moment où, l'effort militaire terminé, l'armée rendait à la production les forces très diminuées des producteurs, devenus disponibles par l'arrêt des hostilités, les offices publics de placement s'affirmèrent, en France, comme des régulateurs indispensables du marché du travail, des distributeurs qualifiés de la main-d'œuvre, de consciencieux et actifs répartiteurs de la puissance du travail.

Ils réduisirent le chômage que les usines de guerre, soudain arrêtées, avaient engendré; ils canalisèrent vers des débouchés nouveaux les travailleurs qui se trouvaient privés de leur emploi.

Ils furent un des plus sérieux artisans de la paix sociale. C'est pourquoi mes efforts ont tendu, dès le début de mon administration, à organiser dans le département de l'Aisne un office départemental de placement gratuit.

Avant le 11 novembre 1919, le placement était assuré par les soins des services de la préfecture. Il devait l'être théoriquement aussi par les soins des municipalités des villes de plus de 10.000 habitants auxquelles la loi de 1904 fait obligation d'avoir un office de placement. En conformité avec les règlements du Code du travail, des registres spéciaux d'offres et de demandes d'emplois devaient être tenus.

Mais ces obligations de la loi restaient lettre morte, l'on n'avait pas en effet aperçu, chez nous, toute l'importance de la substitution de la méthode à l'abandon à leurs propres moyens des patrons et des ouvriers.

Un timide essai, tenté par les organisations ouvrières et patronales, n'aboutissait pas. La défiance de ces deux organisations laissait les meilleures intentions sans suite. Le but, aperçu cependant ne pouvait être atteint dans une ambiance d'hostilité.

Le marché du travail en souffrait. Il ne trouvait le point de contact entre employeurs et employés que dans les bureaux payants, véritables officines suspectes qui bénéficiaient de cette situation anormale.

Toutes ces raisons conduisirent plusieurs ministres du Travail à envisager sérieusement l'organisation du placement et, à la lumière de l'expérience heureuse qu'en avaient faite les pays voisins, à en poursuivre la réalisation.

Créé en novembre 1919, l'Office public de Placement de l'Aisne a donné des résultats qui excluent tous commentaires.

La faveur constante dont il a joui aussi bien des employeurs que des employés souligne toute son utilité et son importance.

Quelques résultats.

Correspondance reçue.

	EMPLOYEURS	EMPLOYÉS
Novembre	34	85
Décembre	27	152
Janvier	92	243
Février	93	248
Mars	118	178
Avril	153	116
Mai	123	156
Juin	114	161
	754	1.339

Placements effectués.

	HOMMES	FEMMES
Novembre	387	»
Décembre	718	9
Janvier	1.238	3
Février	1.935	16
Mars	2.037	20
Avril	2.211	25
Mai	1.261	33
Juin	1.050	36
	10.837	142

Ces placements se répartissent ainsi par qualité professionnelle :

	HOMMES	FEMMES
Agriculture.	720	31
Industrie alimentation	3	»
Industrie chimique (artificiers)	510	»
Industrie du livre.	1	3
Travail des étoffes	1	11
Cuirs et peaux	23	»
Industrie du bois.	728	»
Métallurgie.	513	»
Terrassement.	4.193	»
Manœuvres.	2.241	»
Transports	1.376	»
Commerce (administration) . .	19	8
Commerces divers.	298	»
Professions libérales.	18	51
Services domestiques	128	38
Divers.	65	»
	10.837	142

De tels résultats, encourageants, sont pleins de promesses pour l'avenir. Ils sont la manifestation la plus précise et la plus éloquente de l'opportunité de la création des offices publics de placement.

Le premier pas est fait; aujourd'hui, dans tous les départements, se dresse la maison du Travail en étroite liaison avec toute la production. Employeurs et employés, rapprochés, discutent en toute liberté des contrats du travail, des conditions de salaires.

Le pont est jeté sur les discordes et les malentendus entre le capital et le travail que l'effort sollicite, que l'intérêt encourage et que les offices réunissent pour la mise en commun de leurs moyens respectifs.

Tout en participant donc d'une façon très opportune et très effective à l'œuvre économique qui doit rétablir une situation faussée par la guerre, les offices publics de placement jouent un rôle d'apaisement social. Ils calment les impatiences ouvrières que n'énervent plus les démarches souvent vaines, criant lassitude et découragement; ils suppriment l'embauchage au petit bonheur, mettent sans délai au service de la production une main-d'œuvre qui se sélectionne.

Œuvre de concorde, de paix, de production, l'Office départemental de Placement de l'Aisne peut, encouragé par les résultats acquis, regarder avec confiance l'avenir.

CHAPITRE III

L'ENSEIGNEMENT

———

La première statistique scolaire dressée depuis l'armistice date
de la fin de février 1919. A cette date, il y avait dans le département
446 classes en fonctionnement. A cette même date, aucune école n'était
ouverte dans les cantons qui avaient été spécialement dévastés, savoir :
les cantons d'Anizy, Coucy, Craonne, Neufchâtel, La Fère, Saint-
Quentin, Le Catelet, Moy, Saint-Simon, Vermand, Vailly. Il n'avait
non plus été rouvert encore dans le département aucun établissement
d'enseignement secondaire, ni primaire supérieur, ni aucune école
normale.

La reprise de la vie scolaire exigeait des locaux, tant pour les
classes que pour le logement des maîtres, et du mobilier. La mise en
train demanda quelque temps, mais dans le courant de l'été 1919, un
très gros effort fut fait par les services des travaux de première urgence.
D'une manière générale, l'Administration académique a rencontré le
concours le plus entier et le plus agissant non seulement chez les chefs
de service des T. P. U. puis des S. T. E., mais chez la plupart des
chefs et sous-chefs de secteur et de district; je leur dois ici cet hommage que, sans eux, il n'y aurait guère eu d'école que là où les locaux
avaient été épargnés par la guerre.

Dès le mois de novembre 1919, le Service scolaire fonctionnait
presque partout où il était utile. Au fur et à mesure que des besoins
nouveaux apparaissaient, des écoles nouvelles s'ouvraient (sauf en
ce qui concerne la ville de Saint-Quentin, où l'augmentation rapide
de la population scolaire a devancé les prévisions et où des difficultés
particulières ont retardé l'établissement des locaux provisoires).

A la fin de mars 1920, 1.561 classes fonctionnent (sur 1.885 en
1914).

Aujourd'hui, 1.577 classes sont rouvertes, pour 46.378 élèves.

Tous les établissements d'enseignement secondaire et d'enseignement primaire supérieur, ainsi que les deux écoles normales, ont

rouvert, soit dans le courant de l'été 1919, soit depuis la rentrée d'octobre 1920, à l'exception des deux collèges de La Fère, provisoirement inutiles. La plupart de ces établissements ont pu rouvrir leurs internats, au milieu des difficultés matérielles d'ailleurs considérables et qui ont exigé des chefs d'établissement une activité et une énergie qui méritent qu'on leur rende hommage.

CHAPITRE IV

LES SERVICES D'HYGIÈNE

Le souci de la santé publique dans le département de l'Aisne a toujours été au premier rang des préoccupations de mon administration. Dès le 19 octobre 1919, un arrêté préfectoral créait la Direction départementale d'Hygiène. La lutte contre la tuberculose, les maladies vénériennes et les épidémies, la vérification des eaux, le Service de Désinfection étaient confiées à un médecin spécialiste en hygiène, chargé également de centraliser les différents services qui assurent la sécurité sanitaire de la population par le fonctionnement méthodique de toutes les lois, de tous les décrets et règlements concernant l'hygiène publique.

Le médecin directeur départemental d'hygiène a également été chargé, le 12 juillet 1920, d'assurer les fonctions d'inspecteur départemental d'hygiène. L'activité de ce service se manifeste en ce que, du 1er février au 1er juillet 1920, 98 tournées aux fins d'inspection ont été accomplies.

La lutte contre les épidémies. Service de Désinfection.

D'une façon générale, la situation sanitaire du département n'a pas cessé d'être bonne et en tous points comparable à celle du reste de la France.

Environ 300 déclarations de maladies contagieuses ont été faites jusqu'ici. La plupart de ces cas ont été isolés, et c'est à peine si on peut donner le nom de petites épidémies aux quelques groupements de cas qui ont eu lieu comme, par exemple, à Fieulaine (diphtérie), à Tergnier (rougeole), à Laon (paratyphoïde B), à Saint-Quentin (variole), la plupart des cas constatés relèvent de la rougeole, de la diphtérie (cas assez nombreux), des oreillons, de la scarlatine, de la grippe.

Quelques cas très rares d'encéphalite léthargique ont eu également lieu. Malgré l'arrivée d'un certain nombre de travailleurs étrangers (Polonais en particulier), il n'y a eu aucun cas de typhus exanthématique. Dans chacun de ces cas, le Service public de Désinfection a assuré l'exécution des mesures nécessaires tant au domicile des particuliers que pour de très nombreux locaux scolaires. La gratuité des opérations fait partout accueillir avec faveur les agents désinfecteurs.

Grâce aux crédits votés en mai 1920 par le Conseil général, et malgré de grandes difficultés d'exécution, la réorganisation du Service de Désinfection est en cours. Des appareils modernes de désinfection : étuves Gonin au formol, étuves et pulvérisateurs Genest-Herscher, appareil Clayton pour désinfection et dératisation par sulfuration, ont été mis en service. Une étuve Gonin a été montée sur une remorque attelée elle-même à une camionnette automobile et peut ainsi, dans le minimum de temps, se rendre partout où sa présence est nécessaire.

Les agents désinfecteurs strictement spécialistes sont choisis parmi des candidats ayant déjà des notions de désinfection pratique; toutefois, leur nomination ne devient effective que lorsqu'ils ont suivi les cours de l'École pratique sanitaire Lannelongue à Paris et satisfait à de difficiles examens de sortie, contrôlés par l'Institut Pasteur. Pendant ces cours, essentiellement pratiques, ils reçoivent, avec les notions théoriques indispensables, les leçons nécessaires pour manipuler les appareils de désinfection. Par suite même des difficultés des épreuves subies, le personnel nécessaire pour un fonctionnement intensif du Service ne sera complètement recruté qu'à la fin de l'année. Des postes fixes seront alors installés à Chauny, Château-Thierry, Soissons, Saint-Quentin, Vervins, Guise, en plus du poste central de Laon possédant l'étuve automobile destinée à rayonner dans tout le département.

La lutte contre la tuberculose.

Avec la lutte contre les épidémies, la lutte contre la tuberculose a été l'une des principales préoccupations de la Direction d'Hygiène. Avec l'étroite coopération de la Rockefeller Foundation (Commission américaine de préservation de la tuberculose en France), un dispensaire antituberculeux a été créé dans chacune des villes suivantes : Laon, Soissons, Saint-Quentin, Hirson et Château-Thierry.

Chaque dispensaire rayonne dans l'arrondissement correspondant.

Il est demandé au Conseil général, au cours de cette session, de prendre officiellement en charge cette organisation; conformément à la loi du 15 avril 1916, ces dispensaires ont été installés dans les hôpitaux des villes dans lesquelles ils sont situés. Chaque dispensaire a à sa tête un médecin, assisté d'une infirmière visiteuse. Il est ouvert à tous les prétuberculeux ou tuberculeux de l'arrondissement et à toute personne désirant savoir si elle est ou non tuberculeuse. Le dispensaire distribue également des dons en nature (aliments en particulier) ou en argent, aidé dans cette tâche par des comités locaux de dames.

Mais son principal rôle est d'envoyer au domicile de chaque malade l'infirmière visiteuse qui peut ainsi se rendre compte de la situation morale et matérielle de la famille du malade, permet de distribuer des secours à bon escient, donne les conseils d'hygiène nécessaires et montre par l'exemple comment on passe de la théorie à la pratique. L'infirmière visiteuse envoie aussi au dispensaire parents et voisins du malade, ce qui permet de dépister à temps, donc de guérir de très nombreux tuberculeux qui, étant au début de leur maladie, ignoraient encore être atteints. Les premières opérations du dispensaire ont montré combien sont profondes dans l'Aisne, comme dans la plupart des départements soumis à l'occupation ennemie, les atteintes de la tuberculose.

Enfin, la collaboration des dispensaires et du Service de Désinfection permet d'exécuter en nombre bien plus important qu'auparavant les désinfections nécessaires soit en cours, soit en fin de maladie.

Des conférences de propagande avec films cinématographiques antituberculeux organisées par les comités locaux de dames et jointes à des représentations théâtrales ont permis de répandre des notions d'hygiène et de réunir des dons assez importants.

Il est dans l'intention de la Direction d'Hygiène de développer au maximum l'action des dispensaires antituberculeux en les transformant progressivement en véritables dispensaires d'hygiène sociale.

Le dispensaire n'est d'ailleurs que l'un des deux principaux organes de la lutte contre la tuberculose, le second étant le sanatorium.

Des pourparlers sont en cours avec les départements voisins pour la constitution d'un sanatorium départemental. L'Union hospitalière du Sud-Est accepte de recevoir dans le sanatorium de haute altitude projeté dans les Hautes-Alpes les tuberculeux de l'Aisne.

En attendant ces réalisations forcément encore lointaines, le ministère des Régions libérées a bien voulu prendre à sa charge les frais d'envoi de tuberculeux de l'Aisne dans des sanatoriums actuellement existants. De nombreux dossiers ont été déjà transmis au ministère des Régions libérées.

Surveillance sanitaire des travailleurs étrangers.

La situation sanitaire des travailleurs du département, des travailleurs étrangers en particulier, a été également l'objet d'une surveillance constante.

Une organisation complète d'infirmeries, de postes de secours et d'hôpitaux a été effectuée en tenant compte d'une part de la répartition des travailleurs, d'autre part des hôpitaux civils et des postes de secours appartenant aux sociétés de Croix-Rouge française et étrangère avec lesquelles une liaison constante est établie.

C'est ainsi que sous l'autorité du ministre des Régions libérées, ont été créés, dans les régions de Laon, Saint-Quentin et Soissons, en plus de nombreux locaux de visite, 10 postes de secours et 11 infirmeries, la plupart dotés de 8 à 10 lits chacun. Les soins des médecins locaux sont naturellement utilisés, les infirmières mamans sont recrutées par le ministère des Régions libérées.

Enfin, depuis février 1920, 2 hôpitaux ont été créés, l'un de toutes pièces à Saint-Quentin, l'autre en transformant un hôpital pour prisonniers de guerre à Laon.

L'hôpital de Saint-Quentin est installé sous baraques : 150 lits sont installés, 500 seront montés au printemps prochain.

L'hôpital de Laon, d'abord sous tentes, est en cours de transformation sous baraques; 245 lits étaient installés. L'hôpital sera également complété à 500 lits.

Un troisième hôpital semblable sera créé à Soissons.

Ces hôpitaux, créés spécialement pour les travailleurs étrangers, sont aptes à rendre des services à la population civile (hospitalisation de contagieux et de tuberculeux civils à Saint-Quentin).

A chacun d'eux est adjoint un centre d'épouillage.

Les soins médicaux sont également assurés par des médecins de la région spécialement conventionnés à cet effet, les infirmières sont également recrutées par les soins du ministère des Régions libérées.

Pour toutes ces formations, des camionnettes sanitaires automobiles des Régions libérées assurent le transport des malades et des blessés.

Ces camionnettes rendent aussi de très grands services à la population en assurant le transport de nombreux malades civils dans les hôpitaux locaux.

Grâce à l'ensemble des mesures prises, aucune épidémie n'a été constatée chez les travailleurs étrangers malgré les circonstances souvent défectueuses au point de vue sanitaire dans lesquelles ils se trouvent. En particulier les mesures d'épouillage ont évité l'apparition du typhus exanthématique dont aucun cas n'a été constaté.

Dès l'apparition d'un cas de variole à Saint-Quentin sur un ouvrier venant d'arriver dans le département, la revaccination générale des travailleurs a évité parmi eux l'apparition de tout nouveau cas. La population civile a été également revaccinée, sous l'autorité immédiate du directeur du bureau d'hygiène de la ville.

La lutte contre l'alcoolisme et les maladies vénériennes, moins féconde en résultats, sera menée avec vigueur. En ce qui concerne spécialement la syphilis, la Direction s'efforcera d'apprendre à tous les travailleurs que la science moderne permet maintenant d'éviter de contracter cette redoutable affection.

LABORATOIRE DE BACTÉRIOLOGIE

Laboratoire départemental.

Nouvellement rattaché à la Direction d'Hygiène, le laboratoire départemental de bactériologie est appelé à prendre une importance chaque jour plus considérable.

Du 1er janvier au 1er août, il a été adressé au laboratoire de bactériologie 850 échantillons pour examen.

Sur ce chiffre, les dispensaires s'inscrivent pour 286 envois à partir de mars. Il a été dépisté 80 bacillaires.

Il a été examiné 232 eaux dont un certain nombre pour captation. M. le directeur du laboratoire s'est rendu sur place quand il était nécessaire.

Les hôpitaux ont fourni 112 échantillons.

Les médecins du département en ont envoyé 230.

De janvier à mai, il a été enregistré 40 examens pour diphtérie, 3 pour méningite cérébro-spinale à paraméningocoque. Pendant la période d'été, 16 paratyphoïdes ont été identifiés.

Il a été pratiqué 32 réactions de Wassermann; le laboratoire est en effet installé pour exécuter ces examens si importants qui permettent de dépister la syphilis.

Un stock de matériel de prélèvement susceptible d'envoi facile par la poste est adressé à tous les médecins qui en font la demande.

Bien que la plupart des examens soient gratuits, les taxes appliquées à la clientèle payante ont atteint environ 1.300 francs.

Laboratoire mobile d'hygiène des R. L.

Toutefois le laboratoire départemental est encore dépourvu de moyens de déplacement Aussi est-il très heureusement complété par le laboratoire mobile d'hygiène du département de l'Aisne

Dès septembre 1919, le ministère des Régions libérées, d'accord avec le Conseil supérieur d'Hygiène et considérant l'importance que comportait dans les régions dévastées par l'ennemi l'alimentation en eau potable, avait décidé la création d'un service de surveillance et d'analyse des eaux.

Le soin de l'organisation de ce service et de la formation des techniciens qui devaient y être attachés fut confié à l'Institut Pasteur de Paris, et dès le 1er octobre, M. le Dr Sorel, chef des Services d'hygiène des Régions libérées, dirigeait vers les préfectures intéressées le matériel spécialement destiné à l'analyse des eaux; du 1er octobre 1919 au 1er septembre 1920, il a effectué 2.000 prélèvements dans 200 communes. Il y a lieu d'ajouter que le chiffre d'analyses pratiquées par le département de l'Aisne est de beaucoup supérieur à celui des autres départements.

Aussitôt les analyses faites, les résultats sont envoyés à M. le directeur d'Hygiène du département et à l'Institut Pasteur. Une liste des eaux potables suspectes et mauvaises est adressée au maire de chaque commune où ont été faits des prélèvements.

En dehors des services immédiats que ce laboratoire rend aux populations dont les puits ont été le plus souvent souillés à dessein par l'ennemi, il faut reconnaître que dans l'avenir l'analyse méthodique et totale des eaux d'alimentation sera à la base de l'organisation des services d'hygiène départementaux D'autre part, en cas d'épidémie de typhoïde ou de dysenterie, il sera facile, dès le début, aux maires en possession de la liste des eaux de leur commune de prendre un arrêté pour prescrire l'usage de certaines eaux et interdire celui de certaines autres.

Dans les premiers mois de son arrivée dans le département, le directeur du laboratoire s'adressait à MM. les chefs de secteur pour organiser ses tournées, mais actuellement il va de canton en canton et se met à la disposition des maires. Cependant, en cas d'urgence, il satisfait immédiatement aux demandes qui sont adressées à la préfecture (Service d'Hygiène).

Pour compléter les importants services rendus par les analyses des eaux, il paraît maintenant nécessaire d'y adapter un service de désinfection et de curage des puits. Le directeur du Laboratoire mobile d'hygiène serait naturellement chargé de cette nouvelle organisation dont l'étude est en cours (ce qui rend nécessaire la suppression des S. T. E. qui exécutaient jusqu'à présent les travaux de curage).

Laboratoire spécial des Régions libérées, à Saint-Quentin.

Enfin l'importance particulière de Saint-Quentin a incité la Direction d'Hygiène, lors de la disparition du Laboratoire militaire de bactériologie de cette ville, à créer en mai 1920 un laboratoire de bactériologie (Mlle Mendelue, docteur ès sciences, directrice). Ce laboratoire est attaché officiellement à l'hôpital des travailleurs étrangers, mais pratiquement installé au centre de la ville à l'Hôtel-Dieu. Est utilisé et par les différents services de l'hôpital et par les médecins locaux.

Hygiène sociale.

Une des plus intéressantes manifestations de l'activité manifestée dans le département est également le mouvement d'hygiène sociale entrepris et soutenu par les infirmières sociales, auxiliaires précieuses de la Direction d'Hygiène, qui sont réparties dans les différents dispensaires d'hygiène sociale du ministère des Régions libérées

Depuis le 1er décembre 1919, sous l'impulsion immédiate de Mlle Marsy, inspectrice déléguée, dix postes ont été créés :

1º Dispensaires d'hygiène sociale proprement dits à Séraucourt-le-Grand, Toulis, Flavy-le-Martel, Saint-Thomas, Chamouille et Bony;

2º Postes scolaires : Saint-Quentin, Laon, La Capelle, Oulchy-le-Château.

Les vingt et une infirmières attachées à ces postes sont préparées et nommées par le ministère des Régions libérées ; leur activité n'a pas cessé d'être considérable. Elles ont exécuté depuis leur arrivée successive, 4.360 pansements et 7.866 visites à domicile dans les régions les plus ruinées du département. Les postes scolaires, par 900 visites dans les écoles, ont atteint 10.000 enfants dont la santé est surveillée. Parmi eux, 1.000 malades ou débiles sont plus spécialement soignés avec 3.484 visites à domicile. Pendant l'hiver, 243 enfants affaiblis ont reçu les fortifiants de la C. R. B.

Les infirmières ont préparé les colonies scolaires diverses; un total de 837 enfants débiles de l'Aisne aura été envoyé en colonies de vacances au sanatorium de Zuydcoote par leurs soins.

A Saint-Quentin, les enfants des écoles sont pesés, mesurés, et la fiche sanitaire est remplie par le médecin et les infirmières, sous la direction du médecin des écoles.

Elles ont collaboré à 1.000 vaccinations, les jeux d'éducation physique sont appris par 393 enfants avec l'aide d'un moniteur et des infirmières. Sept ouvroirs réunissent 154 fillettes qui apprennent la couture en faisant leur trousseau avec les étoffes de la préfecture.

Huit consultations de nourrissons réunissent 234 bébés qui sont pesés par les infirmières et examinés par le médecin à Saint-Quentin; le contrôle du secours d'allaitement (fait jadis par les agents de ville) est confié aux infirmières des Régions libérées (213 visites de contrôle par mois). Elles surveillent de plus la stérilisation de 152 biberons par jour.

Soixante-quinze tuberculeux, enfants et adultes, ont été dirigés vers le dispensaire antituberculeux.

Une collaboration étroite avec les membres de l'enseignement a permis de faire régner plus d'hygiène dans les locaux et plus de propreté sur les enfants.

Les démarches pour salubrité dans les foyers s'élèvent à 172, les secours d'assistance obtenus à 244.

Les habitants accueillent très favorablement les infirmières quoiqu'elles ne distribuent aucun secours; leur dévouement dans l'action sanitaire et hygiénique qui reste leur domaine les fait réclamer par les maires des communes éloignées de tout secours médical.

Les camionnettes obtenues récemment ont fait doubler leur rendement; les malades ont pu être conduits aux médecins et ceux-ci amenés auprès des cas urgents. Bien des malades qui seraient morts sans soins dans la solitude de leurs ruines, ont pu être sauvés et soignés par les infirmières sous les ordres des médecins.

Un règlement précis et soigneusement observé a permis d'éviter tout conflit avec le corps médical en permettant aux infirmières d'assurer le premier secours et le premier pansement aux blessés, mais en leur interdisant d'entreprendre le moindre traitement ou de donner la moindre consultation. Elles sont de plus mises à la disposition des médecins sans que ceux-ci leur doivent une rémunération.

Service médical de la population civile.

Le ministre des Régions libérées, en accordant une subvention aux médecins qui se réinstallent dans les régions libérées ou remplacent des médecins disparus, a permis à la majeure partie du corps médical de revenir exercer dans l'Aisne.

La subvention est accordée pour une durée de deux ans, à raison de 6.000 francs annuels dans tout le département, sauf dans l'arrondissement de Vervins, pour lequel elle est de 4.800 francs.

De plus, moyennant une location mensuelle de 100 francs, seize voitures automobiles de tourisme ont été mises à la disposition de médecins choisis de préférence parmi ceux qui exercent dans les régions les plus particulièrement dévastées et les plus dépourvues de secours médical.

Aussi actuellement, 125 médecins exercent-ils dans le département, répartis dans 70 localités (105 avant-guerre). Les principaux postes dans lesquels la présence d'un médecin est vivement désirée par la population à l'heure actuelle sont :

Hargicourt et trois communes environnantes.	arrond. St-Quentin.	2.000	habitants.
Seboncourt et localités environnantes.	—	5.000	—
Moy et localités environnantes . .	—	3.350	—
Séraucourt-le-Grand et localités environnantes.	—	5.500	—
Le Catelet et localités environnantes.	—	3.000	—
Vendeuil et localités environnantes.	—	1.700	—
Beaurevoir.	—	1.700	—
Nauroy et ses environs	—	2.500	—
Coulonges avec localités environnantes.	arrond. Ch.-Thierry.	2.300	—
Cœuvres avec localités environnantes.	— Soissons.	3.000	—
Martigny avec localités environnantes.	— Vervins.	2.000	—
Vaux-Andigny.	—	3.500	—
Wimy et localités environnantes .	—	2.400	—
Festieux.	— Laon.		—

Les sages-femmes reçoivent également une subvention, toutefois un grand nombre de postes restent à pourvoir.

La lutte en faveur de la natalité.

La Direction départementale d'Hygiène a enfin collaboré avec l'autorité préfectorale dans la lutte établie en faveur de la natalité.

Elle s'est en particulier spécialement occupée des projets présentés à cette session du Conseil général pour les primes à la natalité et à la prévoyance. Elle a enfin assuré la charge de présenter à la Commission départementale de la Natalité, après constitution des dossiers, les médailles de la Famille française. Il est intéressant de noter à ce sujet que plus de 2.200 demandes ont été à ce jour adressées par des mères de familles nombreuses ayant chacune au moins cinq enfants vivants.

CHAPITRE V

LES SERVICES VÉTÉRINAIRES DÉPARTEMENTAUX

Lors de l'abandon par l'ennemi du département, ce dernier pouvait être divisé en deux zones distinctes : l'une formée par l'arrondissement de Château-Thierry, la seconde par le reste du territoire.

L'arrondissement de Château-Thierry était le seul où une surveillance sanitaire effective ait pu s'exercer, bien que dans des conditions anormales et particulièrement difficiles. La région était, en effet, entièrement occupée par l'armée; sans vouloir médire le moins du monde de l'organisation militaire, il est aisé de se représenter l'état sanitaire d'une région occupée par des troupes en campagne, dont les moyens sont réduits et dont le seul but est de faire vite.

La gale des chevaux sévissait dans la contrée, ainsi que la rage, et cette dernière maladie revêtait même un caractère inquiétant. L'application sévère des mesures prescrites, l'abatage immédiat des suspects, et enfin la disparition de la troupe qui traînait après elle une clientèle extraordinaire de chiens et qui les abandonnait un peu partout, en expliquent la rapide décroissance

Bientôt cependant, le repeuplement s'opéra, et avec lui les épidémies faisaient leur réapparition, tant par suite de la diversité des lieux d'origine des animaux de reconstitution que de l'hygiène insuffisante (manque de locaux pour abriter les malades).

La clavelée, rare dans nos régions, fut observée sur un troupeau de six cent quarante moutons, au Mont-d'Origny; en dépit de la vaccination immédiate, soixante-dix moururent.

Depuis la fin de la guerre, on ne signale plus que des cas isolés de rage, et seules les agglomérations importantes sont encore les centres où cette maladie sévit.

La fièvre aphteuse.

La fièvre aphteuse est la maladie la plus répandue dans le département tout entier. En 1919, quelques cas étaient déjà constatés dans les environs immédiats de Château-Thierry, mais l'épizootie ne prit pas alors une extension alarmante.

C'est en août 1919 que les bovins achetés en Hollande, contaminés et fatigués par un long voyage, propagèrent rapidement la maladie; petit à petit celle-ci s'étendait, par suite de la reprise des relations commerciales avec le reste de la France et de l'introduction des animaux d'Allemagne.

Il convient à ce sujet de détruire une légende. Les bovins allemands n'ont pas, dans la propagation de la maladie, une part prépondérante. Il est un fait cependant, c'est que des trains d'animaux aphteux ont été déversés en bloc dans certaines régions (Le Nouvion, Étreux, Bohain, Vervins, Neufchâtel, Villers-Cotterêts) et ont été livrés malgré leur état défectueux, infectant ainsi les routes qu'ils parcouraient et créant des foyers là où il n'en existait pas auparavant.

Mais il était pratiquement impossible de procéder autrement.

D'autre part, point sur lequel je tiens à insister, de nombreux autres foyers ont été allumés par des animaux de provenance nettement française.

Enfin, il y a lieu de faire remarquer qu'il n'y a pas eu deux fièvres aphteuses, l'une allemande, grave, et l'autre indigène, moins sérieuse.

La vérité est la suivante : chaque fois qu'un bovin contaminé ou surtout malade se trouve dans deux conditions hygiéniques défavorables, fatigue, refroidissement, sol boueux, des complications locales et générales sont à craindre. Ces conditions se sont plus particulièrement réunies chez des animaux ayant voyagé, parqués ensuite sous la pluie en attendant leur répartition et pataugeant dans des pâtures humides.

Quoi qu'il en soit, la fièvre aphteuse, surtout dans la partie nord du département (pâtures, animaux en plein air) a revêtu un caractère très grave. Beaucoup de cas de mortalité, les uns au début même de l'affection (infection générale, syncopes cardiaques); les autres en période d'état de convalescence (même accident) et enfin complications éloignées, gangrène des tissus sous-ongulés.

La lutte contre la fièvre aphteuse est extrêmement difficile. Si elle est possible dans des contrées où existent des bâtiments où l'on peut isoler et séquestrer les malades, elle est absolument illusoire dans les régions de pâturages.

Les agents sanitaires, malgré tout leur zèle et leur bonne volonté, sont impuissants à conjurer la marche envahissante de l'affection.

Quant au traitement spécifique, préventif et curatif, il est encore à trouver. C'est du reste ce que nous a répété encore M. le vétérinaire Rinjard, attaché au laboratoire des recherches d'Alfort, envoyé en mission spéciale dans la région de La Capelle, pour étudier sur place les formes graves de la fièvre aphteuse; aucune donnée nouvelle n'a été fournie par cette enquête.

A la date où ce rapport est fourni, l'épidémie est très nettement en voie de décroissance.

La peste bovine.

Une autre menace pèse malheureusement sur la région du Nord; la peste bovine existe en Belgique, et si elle n'est encore arrivée qu'à 60 kilomètres de la frontière de l'Aisne, elle est beaucoup plus proche du département du Nord.

Deux arrêtés ministériels et préfectoraux ont été immédiatement pris; M. l'inspecteur Rabieaux et M. le vétérinaire Naudinat, en mission spéciale à Mézières, avec juridiction, en particulier, sur l'arrondissement de Vervins, ont donné des instructions spéciales pour l'application des différentes dispositions de ces arrêtés.

Certaines sont sévères, mais elles doivent l'être, et, si des intérêts particuliers sont temporairement lésés, il ne faut pas oublier que le mal serait bien pire encore, de voir apparaître chez nous ce fléau.

Le bétail allemand.

J'ai parlé, à propos de la fièvre aphteuse, d'animaux de récupération allemande; depuis le mois d'avril, en effet, la Commission supérieure de récupération de Wiesbaden nous a expédié des trains entiers de chèvres, de moutons, de bovins et de chevaux.

Aucune observation à faire sur les chèvres et les moutons. Ces derniers en particulier ont été bien acceptés; sans être en général des sujets de tout premier choix, ils étaient cependant de bonne qualité et d'un bon rapport, comme viande et comme laine. Les races représentées sont la race mérinos et ses croisements, quelques anglais, sauf les southdown purs; quelques cas de gale, vite diagnostiqués, ont été traités et guéris pour la plupart.

Les bovins, exception faite pour les convois aphteux, sont arrivés en bon état; ce sont des animaux bien choisis. Cependant une critique générale concernant le choix de la race, a été faite dès le début des arrivages.

Notre département a reçu beaucoup de simmenthal, race de travail et de boucherie, mais nullement laitière. Les appréciations que nous avons portées avaient paru sévères en haut lieu, mais elles étaient justes. L'expérience de quelques mois nous prouve qu'il ne faut absolument pas compter sur cette race pour avoir du lait. Il y a cependant un correctif; c'est qu'elle fournit de la viande. En effet, nombre de propriétaires, en présence de cette situation (animaux en bon état mais ne donnant pas de lait), demandent l'autorisation de les faire abattre avant le délai de six mois pendant lesquels ils doivent les conserver. Et la logique est loin de s'opposer à ce que cette autorisation leur soit accordée.

Dans certains cas, cette opération a évoqué le spectre de la spéculation peut-être, mais en tout cas, à mon avis, spéculation légitime.

On rend en nature, pour une valeur inférieure à la valeur commerciale courante, un animal en remplacement d'un autre, volé par les Allemands.

On lui attribue des qualités qu'il n'a pas et qu'avait celui qui a disparu. L'agriculteur qui vend une vache simenthal réalisera peut-être un bénéfice. Mais pour racheter un animal correspondant à ses besoins, il sera obligé de le payer plus cher. Il ne trouve donc dans la différence de l'achat à la vente qu'une partie de l'argent destiné à remployer. Ce raisonnement est confirmé par le fait que les demandes de ventes ne concernent pas l'autre race, pie noire, pie rouge, hollandaise, dont les acquéreurs sont très satisfaits et dont ils ne cherchent nullement à se débarrasser.

Depuis quelques semaines des cas de bronchite vermineuse sont observés sur ces bovins allemands, ils sont certainement arrivés infectés et cette époque de l'année est celle du terme de l'évolution du parasite et celle où l'organisme se trouve le plus affecté. Aucun traitement réellement efficace n'existant, on procède à l'abatage pour la consommation, avant qu'apparaissent les phénomènes asphyxiques produits par les paquets de vers qui obstruent les ramifications bronchiques.

Les chevaux.

Il nous est arrivé également des juments, des pouliches et malheureusement trop peu d'étalons.

Ce sont des animaux de bonne qualité, type ardennais et belge, en majorité, et très bien acceptés des destinataires. Quelques cas de mort se sont produits à l'arrivée, pneumonies, suites de refroidissements contractés pendant le voyage. Mais ce ne sont là que des accidents. L'état sanitaire des chevaux allemands est excellent.

Le Service vétérinaire dans le département.

Tous les vétérinaires de l'Aisne ont réintégré leurs anciens postes. Une allocation mensuelle de 300, 400 et 500 francs, suivant la dévastation des zones, leur a été accordée. Cette somme sera encore indispensable pendant longtemps, car dans beaucoup de régions les vétérinaires sont loin de trouver dans l'exercice de leur profession les ressources d'avant-guerre; la population animale est encore restreinte, de nombreux moyens mécaniques remplacent la traction animale; d'autre part, les déplacements sont très coûteux et le prix des visites ne peut être indéfiniment augmenté. Je ne crains pas d'avancer que, sans la subvention mensuelle ils ne pourraient pas vivre.

Chacun de ces vétérinaires est vétérinaire sanitaire dans sa clientèle.

CHAPITRE VI

LES SERVICES JUDICIAIRES

Cour d'assises de l'Aisne.

L'état des locaux n'a pas permis pendant l'année 1914 le fonctionnement de la Cour d'assises; pendant cette période, les affaires criminelles du département de l'Aisne ont été renvoyées devant les cours d'assises des départements voisins.

La première session de la Cour d'assises de l'Aisne a eu lieu en février 1920. Quatre affaires y ont été jugées.

La session de mai n'a pas eu lieu, une seule affaire (bigamie) étant inscrite au rôle.

Dans la session d'août 1920, il a été jugé treize affaires.

Tribunal de Laon.

L'audience de reprise des travaux judiciaires a eu lieu le 16 décembre 1918.

A cette époque, les magistrats étaient : un président, un vice-président, deux juges, un juge d'instruction et le procureur de la République. Le substitut du procureur de la République, nommé par décret du 22 novembre 1918, mobilisé, n'a pris effectivement possession de ses fonctions que le 8 avril 1919.

Jusqu'au mois de mai 1919, le Tribunal n'a fonctionné qu'irrégulièrement, la première affaire inscrite au rôle ne l'ayant été qu'à la date du 6 mai 1919.

Le greffe du Tribunal a été ouvert au public dès le 13 octobre 1918, jour de la libération de Laon. A partir du mois de mai, le Tribunal civil a fonctionné régulièrement à raison de trois audiences par semaine.

Du 6 mai au 31 décembre 1919, 287 affaires ont été inscrites au grand rôle. Du 1er janvier 1920 au 1er août, 348 affaires nouvelles y ont été inscrites.

Dans ces chiffres ne sont pas comprises les instances d'adoption de pupilles par la nation, les instances sur simple requête, les instances pour reconstitution et ratifications d'état civil, ainsi que les instances pour attribution et déchéance de pécules de militaires.

Tribunal de Laon ayant attributions commerciales.

La première affaire commerciale a été inscrite au rôle le 27 janvier 1919.

Il a été inscrit, dans le courant de ladite année, 21 affaires, et en 1920, jusqu'au 1er août, 49 affaires.

Tribunal correctionnel.

La première audience du Tribunal correctionnel a eu lieu le 12 avril 1919.

Le nombre d'affaires jugées en 1919 a été de   et en 1920, jusqu'au 12 septembre, de 801.

Tribunal de première instance de Soissons.

Le Tribunal de Soissons a été réinstallé à Soissons en mars 1919.

A cette époque, il ne comprenait que le juge d'instruction, faisant, en outre, fonctions de président et de procureur.

Le procureur de la République actuel a été nommé le 17 mai suivant et installé le 4 juin 1919.

Le président et le juge d'instruction actuels ont été nommés en juin 1919 et installés le 4 juillet suivant.

Depuis, en raison de l'augmentation des travaux, un juge suppléant a été délégué en janvier par M. le premier président de la Cour d'Amiens.

Dans le courant de l'année 1919, ou plutôt du second semestre pendant lequel le Tribunal a pu fonctionner normalement, le nombre des affaires jugées a été :

Affaires civiles : 32;

Affaires correctionnelles : 134.

Dans le courant de 1920 et depuis le 1er janvier, le nombre s'est accru sensiblement.

Affaires civiles : 94, dont 76 pour le premier semestre;

Affaires correctionnelles : 455 jusqu'à ce jour, dont 383 pour le premier semestre.

Par comparaison en 1913 le nombre des affaires était :

Civiles . . . . 316) pour l'année.
Correctionnelles . . . . 434)

Tribunal de première instance de Château-Thierry.

Depuis l'armistice, le 11 novembre 1918, le Tribunal de première instance de Château-Thierry, transporté à Provins, est revenu à son siège et fonctionne normalement depuis cette époque au Palais de justice qui n'a pas subi de graves dommages.

Tribunal de première instance de Vervins.

Le Service judiciaire a été, dans l'ensemble, rétabli dans l'arrondissement de Vervins à partir de mars 1919.

Le Service du Parquet a été assuré dès le 2 janvier 1919, et celui du greffe du Tribunal civil le 30 janvier suivant.

Le tribunal a repris ses audiences le 6 mars 1919, et à partir de cette date il a été tenu régulièrement une audience correctionnelle et deux audiences civiles par semaine.

Tribunal de première instance de Saint-Quentin.

Le Tribunal civil de Saint-Quentin a repris son service normal.

Justices de paix.

Arrondissement de Laon.

Les onze justices de paix de l'arrondissement sont actuellement pourvues de titulaires.

MM. les juges de paix de Laon, Chauny, La Fère, Coucy-le-Château, Sissonne, Rozoy-sur-Serre, Crécy-sur-Serre, Craonne, Beaurieux et Anizy le-Château ont pris leurs fonctions dès le mois d'octobre 1919, soit qu'ils aient été nommés antérieurement à la guerre, soit seulement à cette date. Les juges de paix de Marle et de Neufchâtel ont été installés respectivement.

Arrondissement de Soissons.

Les justices de paix fonctionnent normalement. L'arrondissement en comprend six, toutes pourvues de leur titulaire.

Celle de Vailly a été la dernière réinstallée.

Le juge de paix de ce canton a été nommé le 3 juin 1919 et installé le 9 juillet.

La justice de paix a été réinstallée à Vailly le 15 novembre 1919.

Arrondissement de Château-Thierry.

Les cinq justices de paix de l'arrondissement, toutes pourvues de leur titulaire, ont fonctionné régulièrement depuis cette époque à leur siège respectif.

A l'exception de M. Villain, huissier à Charly-sur-Marne, qui a été porté comme disparu par son corps, fin 1914, et dont l'étude n'a pas encore de titulaire, tous les officiers publics et ministériels ont rejoint leur poste et après leur démobilisition.

Arrondissement de Vervins.

Les justices de paix ont fonctionné régulièrement dans leur ensemble, à partir du mois de mars 1920. Certaines d'entre elles, et notamment celles de Sains-Richaumont, de Nouvion, de Wassigny, ont assuré le service, en dehors des audiences, dès la libération.

Pour les autres, les titulaires ou suppléants rappelés dans le courant de janvier ont assuré le service en février et mars; à partir de cette date le fonctionnement normal dans le service des audiences et dans celui des greffes a été assuré dans toutes les justices de paix.

Arrondissement de Saint-Quentin.

Les justices de paix du Catelet, Saint-Simon, Moy et Vermand, n'ayant pu réintégrer encore leur siège au chef-lieu, sont installées respectivement à Bohain, Saint-Quentin, Brissy et Saint-Quentin.

Le personnel en est au complet, sauf dans les greffes des justices de paix de Vermand et Saint-Simon pour lesquels on n'a pu encore trouver de successeurs aux titulaires décédés.

CHAPITRE VII

TRÉSORERIE GÉNÉRALE

Les bureaux de la Trésorerie générale de l'Aisne ont été réinstallés à Laon le 19 décembre 1919.

Les services ont été assurés à cette date par cinq titulaires et dix auxiliaires.

Le Service des Bons régionaux installé à l'Hôtel de Ville est assuré par trois titulaires et quatre auxiliaires.

La recette des Finances de Château-Thierry n'a pas cessé de fonctionner, sauf pendant l'époque d'évacuation de 1918;

Celle de Saint-Quentin a été réinstallée en avril 1919;

Celle de Soissons en mars 1919;

Celle de Vervins le 1er janvier 1919.

Il existe encore neuf perceptions sans titulaire, le service en est assuré par des percepteurs voisins ou commis de perception.

A l'heure actuelle, les services ont une marche à peu près normale. Les comptes du département ont pu être arrêtés et le compte de gestion de l'exercice 1919 me sera remis, ainsi que les états de reste à recouvrer, pour la réunion du Conseil général de la présente session.

Il reste néanmoins un lourd passé d'arriéré à liquider, lequel comprend notamment la gestion des deniers communaux par des comptables de fait pendant l'occupation.

Les receveurs municipaux ont reçu des ordres pour encaisser le reliquat de la gestion de guerre. Des instructions sont attendues pour la présentation de ces comptes.

CHAPITRE VIII

POSTES, TÉLÉGRAPHES, TÉLÉPHONE

Tous les bureaux de poste existant en 1914 sont réouverts, sauf un seul, celui de Deuillet, qui n'a pu être remis en service faute de local.

Situation du rétablissement des services pendant le mois de juillet 1920.

FERMÉS AU MOMENT DE LA LIBÉRATION	NOMBRE DE BUREAUX			OBSERVA-TIONS
	RÉTABLIS le 1er jour du mois de juillet	RÉTABLIS au cours du mois de juillet	RESTANT fermés	
Poste : bureaux 191	185	5	1	2 créations
Bureaux principaux. 12	12		»	
Télégraphe.				
Municipaux fusionnés :				
Recettes 138	116	7	15	
Facteurs receveurs. 11	7	»	4	
Recettes auxiliaires, recettes rurales 3	»	»	3	
Municipaux non fusionnés . . . 19	1	»	18	
Écluses 20	»	»	20	
Gares. 35	2	»	33	
Bureau int. privés 1	»	»	1	
Bureau militaire : 1	»	»	1	
Téléphone.				
Bureaux principaux. 12	12	»	»	
Municipaux fusionnés :				
Recettes 138	116	7	15	
Facteurs receveurs. 26	20	2	4	
Recettes auxiliaires rurales. . . 13	4	»	9	
Recettes auxiliaires urbaines . . 8	1	»	7	
Municipaux non fusionnés . . . 250	123	7	120	
Bureaux int. privés. 3	»	»	3	

Une deuxième distribution a pu être concédée à Chaillevois, Crouy, Frières-Faillouël, Margival, Mons-en-Laonnois, Urcel, Seboncourt, Grougis, Aisonville, Montigny-en-Arrouaise, Lesdins, Levergies, Brancourt et Montbrehain.

Le nombre de postes d'abonnés réouverts au service téléphonique au 31 août 1920 est de 151.

CHAPITRE IX

LES ARCHIVES DÉPARTEMENTALES

Archives départementales.

Les documents de l'ancien régime et de la période révolutionnaire, transportés, avec les collections imprimées, à la cathédrale et à la bibliothèque de la ville pendant l'occupation, pour faire place au central téléphonique de la VIIe armée allemande, ont réintégré les locaux des archives, à la préfecture, en mai 1919.

C'est à la sollicitude éclairée et à la haute intervention près de l'autorité militaire allemande de M. le sénateur Ermant qu'est due, on le sait, la conservation de cet inestimable trésor historique.

Malheureusement, le chartrier de l'ancienne seigneurie de Roucy acheté par le département, en 1908, à Mme d'Inécourt, épouse du prince de Hohenlohe, puis du baron Wangenheim, surintendant des théâtres du duché de Brunswick, a été enlevé, et toutes les diligences de la Direction des Archives pour en obtenir la restitution n'ont pas encore abouti.

Quant aux papiers postérieurs à l'institution de la préfecture en l'an VIII (1800), il est à présumer qu'après s'en être servi dans les combles des Archives comme matelas protecteur contre les bombes d'avions, au-dessus d'une couche de béton et de fascines, l'ennemi les a dénaturés par le pilon.

L'une de ces bombes avait néanmoins endommagé la couverture du bâtiment, qui a été refaite en partie l'hiver dernier.

La cage d'escalier, le bureau des employés, la salle du public, la bibliothèque et le cabinet de l'archiviste, laissés par l'ennemi dans le plus complet délabrement, ont été de même remis en état.

Il reste à poursuivre la réfection du rayonnage détruit dans les grandes salles supérieures du dépôt ainsi que la galerie du premier étage.

Archives communales.

Après avoir, au cours des hostilités, opéré sous le bombardement le sauvetage de nombreuses archives communales, hospitalières, notariales, diocésaines, judiciaires, etc., et de celles de divers services publics (Enregistrement, Hypothèques, Ponts et Chaussées, Postes et Télégraphes, Contributions directes et indirectes, Navigation, etc.), et assuré leur évacuation dans des villes de l'intérieur, M. l'archiviste s'est activement employé depuis à leur réintégration.

D'autre part, les archives d'un grand nombre de communes avaient été dispersées un peu partout, en France et en Belgique, par suite des événements militaires et souvent confondues avec celles de localités de départements limitrophes (Marne, Oise, Somme); M. l'archiviste a fait également le nécessaire pour que tous ces documents rentrent dans les mairies intéressées.

Ces diverses opérations l'ont obligé à de très fréquents déplacements, qu'il a d'ailleurs mis à profit pour distribuer dans presque toutes les communes du département les matrices cadastrales des propriétés non bâties refondues en 1913 ainsi que les plans cadastraux dont la réfection est commencée.

La comptabilité du ravitaillement de nos malheureuses populations pendant l'occupation (*Commission for relief in Belgium*), retrouvée à Fourmies après l'armistice, a été, dans les mêmes conditions, remise par ses soins aux municipalités.

Il s'en faut de beaucoup cependant que la plus grande partie des archives communales aient pu être sauvées.

L'enquête poursuivie par M. l'archiviste, conformément aux instructions de M. le ministre de l'Instruction publique et des Beaux-Arts sur les pertes subies du fait des hostilités par les archives publiques (communales notamment), lui a permis, en effet, de constater que dans plus de 600 communes les archives avaient totalement ou partiellement disparu, comme l'attestent les notices détaillées qu'il a rédigées pour chacun des dépôts sinistrés.

Il résulte, d'autre part, des évaluations auxquelles ce fonctionnaire s'est livré, conformément aux instructions de MM. les ministres de l'Intérieur, des Régions libérées et de l'Instruction publique, en vue des revendications à exercer près de l'Allemagne par la Commission interalliée des Réparations, que, tant pour les documents irremplaçables que pour ceux dont la reconstitution sera possible, les dommages subis par les archives communales de l'Aisne s'élèvent approximativement à 10 millions. Des chiffres détaillés figurent sur les états dressés à cet effet par M. l'archiviste pour chacune des 600 communes sinistrées.

Au cours de l'hiver dernier, plus de 150.000 kilos de papiers retrouvés à Louvroil (Nord) après la retraite de l'ennemi et appartenant surtout à des officiers ministériels, banquiers, industriels, commerçants, etc. des régions de Saint-Quentin, Guise, Noyon et Nesle (Somme), ont été déposés aux archives départementales dans la plus extrême confusion.

Sous le contrôle d'une commission spéciale constituée en exécution d'une circulaire de M. le Ministre de l'Intérieur, et avec le concours du personnel des Archives, viennent de se terminer le tri et la restitution aux intéressés de cette énorme masse de documents.

Conservation des antiquités et d'objets d'art.

Comme conservateur des antiquités et d'objets d'art, M. l'archiviste a opéré, pendant la guerre, le sauvetage d'un certain nombre d'œuvres artistiques de nos églises rurales, et assuré leur évacuation loin de la ligne de feu. En collaboration avec M. Kingsley Porter, désigné par la Direction des Beaux-Arts, il a, d'autre part, dès l'armistice, procédé, en vue des revendications à exercer ou des dédommagements à obtenir, au recensement général des objets mobiliers classés par la Commission des Monuments historiques et dressé un état de ceux qui ont disparu ou ont été dégradés au cours des hostilités dans l'Aisne.

Liquidation du mobilier récupéré.

Après avoir prêté son concours à M. le séquestre général des biens restitués par l'ennemi et assuré la remise à leurs propriétaires des meubles transportés par l'ennemi de l'Aisne dans le Nord, à Fourmies et à Valenciennes, M. l'archiviste a été chargé en mai dernier de la liquidation du mobilier dispersé par l'ennemi dans le département.

A ce titre, et conformément aux instructions de M. le ministre des Régions libérées, M. Broche a entrepris la récupération des meubles ainsi abandonnés, à l'aide de déclarations que les détenteurs ont été mis dans l'obligation de déposer dans les mairies.

Centralisés au chef-lieu de canton et, le cas échéant, dans les communes les plus importantes de la région, ces meubles y demeurent exposés dans des locaux spéciaux pendant un délai indéterminé, à l'expiration duquel l'Administration des Domaines procède à la vente, au titre d'épaves, de ceux qui n'ont pas été reconnus par leurs légitimes propriétaires.

A l'heure actuelle, M. Broche a organisé des expositions de ce genre à Marle, à Rozoy-sur-Serre, à Vervins, à Brunehamel, à Guise et à Montcornet.

Elles ont déjà permis à de nombreux sinistrés de rentrer en possession de leur mobilier.

CHAPITRE X

LA POLICE DANS L'AISNE

———

Dans les régions libérées, où la reconstitution a appelé la main-d'œuvre la plus diverse, venant de tous les coins du monde, où sévissait un relâchement dans l'observation des règlements, inévitable après tant de souffrances et tant de vexations, où, enfin, la désagrégation complète des services divers favorisait la multiplication des actes délictueux, il était nécessaire, indispensable d'instituer un réseau policier propre à rétablir l'ordre et à protéger les biens et les personnes.

Dès le début de l'année 1920, après le vote de la loi de finances, j'ai pu commencer à mettre en œuvre le projet que j'avais édifié et qui a reçu l'agrément de M. le ministre de l'Intérieur.

J'ai divisé mon département en dix secteurs de police; à la tête de chacun de ces secteurs j'ai placé un commissaire de police qui a été spécialisé par décret ministériel pour toute l'étendue de son secteur. Rien n'a été changé quant à la compétence des commissaires spéciaux, mais ils n'auront plus maintenant à intervenir en dehors de leur secteur, sauf dans des circonstances exceptionnelles.

Il a été placé auprès de chaque chef de secteur deux inspecteurs temporaires de police spéciale, compétents par conséquent en dehors du secteur auquel ils sont rattachés. Il me sera ainsi possible, si je le jugeais utile, de rassembler en un point quelconque de mon département tous ces inspecteurs de police et de renforcer ainsi, dans un cas grave, la surveillance d'une région ou d'une autre.

En plus, et avec les crédits que la loi de finances attribue à mon département pour le renforcement de la police locale, j'ai, d'accord avec les maires intéressés, créé des postes d'inspecteurs de police d'un caractère local, que j'ai décidé d'appeler « inspecteurs de police de secteurs ».

Ces inspecteurs de police de secteurs ont une résidence fixe : des arrêtés municipaux pris par chacun des maires intéressés les ont nommés et leur ont donné compétence sur le territoire d'un certain nombre de communes voisines de leur résidence; ces nominations ont été agréées soit par le sous-préfet de l'arrondissement, soit par moi-même.

Bien que nommés par arrêté municipal, ces agents, dont le traitement est assuré par une subvention de l'État attribuée à la commune de résidence, dépendent directement du chef de secteur auquel ils ont à fournir un rapport journalier, ils doivent être en contact cependant avec les maires et assurer de concert avec eux la police municipale; ils devront en toutes circonstances intervenir sur la demande de ces magistrats municipaux, mais il est bien entendu qu'ils ne devront être employés qu'à des fonctions de police, à l'exclusion de tout service de mairie.

Le tableau ci-joint donne la composition de chaque secteur de police ainsi que la répartition des inspecteurs dans chaque canton.

Tableau général des secteurs de police.

1º *Secteur de Laon-Nord.* — Cantons de Sissonne, Marle, Rozoy, Crécy-sur-Serre :

1 chef de secteur à Laon, commissaire de police spéciale.
2 inspecteurs de police spéciale à Laon.
2 inspecteurs de police de secteur à Montcornet.
2 inspecteurs de police de secteur à Crécy-sur-Serre.

2º *Secteur de Laon-Sud.* — Cantons de Laon, Anizy, Craonne, Neufchâtel :

1 chef de secteur à Laon, commissaire de police.
2 inspecteurs de police spéciale à Laon.
2 inspecteurs de police de secteur à Laon.
2 inspecteurs de police de secteur à Guignicourt.
2 inspecteurs de police de secteur à Beaurieux.

3º *Secteur de Chauny.* — Cantons de Chauny, Coucy, La Fère :

1 chef de secteur à Chauny, commissaire de police spéciale.
2 inspecteurs de police spéciale à Chauny.
2 inspecteurs de police de secteur à Chauny.
2 inspecteurs de police de secteur à La Fère.
2 inspecteurs de police de secteur à Saint-Gobain.
2 inspecteurs de police de secteur à Tergnier.

4° *Secteur de Soissons.* — Cantons de Soissons, Vic-sur-Aisne, Villers-Cotterêts :

1 chef de secteur à Soissons, commissaire de police.
2 inspecteurs de police spéciale à Soissons.
2 inspecteurs de police de secteur à Soissons.

5° *Secteur de Braine.* — Cantons de Braine, Oulchy, Vailly :

1 chef de secteur à Braine, commissaire de police spéciale.
2 inspecteurs de police spéciale à Braine.
2 inspecteurs de police de secteur à Braine.
2 inspecteurs de police de secteur à Vailly.
2 inspecteurs de police de secteur à Oulchy.

6° *Secteur de Château-Thierry.* — Cantons de Château-Thierry, Neuilly-Saint-Front, Fère-en-Tardenois, Condé-en-Brie, Charly :

1 chef de secteur à Château-Thierry, commissaire de police.
2 inspecteurs de police spéciale à Château-Thierry.
2 inspecteurs de police de secteur à Château-Thierry.

7° *Secteur de Saint-Quentin.* — Cantons de Saint-Quentin, Vermand, Saint-Simon, Moy, Ribemont :

1 chef de secteur à Saint-Quentin, commissaire central.
2 inspecteurs de police spéciale à Saint-Quentin.
2 inspecteurs de police de secteur à Saint-Quentin.
2 inspecteurs de police de secteur à Saint-Simon.

8° *Secteur de Bohain.* — Cantons de Bohain, du Catelet :

1 chef de secteur à Bohain, commissaire de police.
2 inspecteurs de police spéciale à Bohain.
2 inspecteurs de police de secteur à Bohain.

9° *Secteur de Guise.* — Cantons de Guise, Sains-Richaumont, Nouvion, Wassigny :

1 chef de secteur à Guise, commissaire de police spéciale.
2 inspecteurs de police spéciale à Guise.
2 inspecteurs de police de secteur à Guise-Nord.
2 inspecteurs de police de secteur à Guise-Sud.
2 inspecteurs de police de secteur à Étreux.
2 inspecteurs de police de secteur à Sains-Richaumont.
2 inspecteurs de police de secteur au Nouvion.

10° *Secteur d'Hirson.* — Cantons d'Hirson, La Capelle, Vervins, Aubenton :

1 chef de secteur à Hirson, commissaire de police spéciale.
2 inspecteurs de police spéciale à Hirson.
2 inspecteurs de police de secteur à Hirson.
2 inspecteurs de police de secteur à Vervins.

On peut remarquer que le secteur de Guise est doté d'un certain nombre d'agents supérieur aux autres: les communes des cantons qui le composent couvrent par un effort financier le traitement de cinq agents sur dix.

TABLE DES MATIÈRES

DEUXIÈME PARTIE
LES SERVICES TECHNIQUES

TROISIÈME PARTIE
LES SERVICES ADMINISTRATIFS DÉPARTEMENTAUX